U0855832

0~3岁 超级亲子游戏教出聪明宝宝

薛文英 黄晓萍 著

中国妇女出版社

图书在版编目（CIP）数据

0～3岁，超级亲子游戏教出聪明宝宝 / 薛文英，黄晓萍著. -- 北京：中国妇女出版社，2017.2

ISBN 978-7-5127-1411-3

Ⅰ.①0…　Ⅱ.①薛…②黄…　Ⅲ.①婴幼儿—家庭教育　Ⅳ.①G781

中国版本图书馆CIP数据核字（2016）第312948号

0～3岁，超级亲子游戏教出聪明宝宝

作　　者：薛文英　黄晓萍　著
责任编辑：肖玲玲
责任印制：王卫东
出版发行：中国妇女出版社
地　　址：北京市东城区史家胡同甲24号　　邮政编码：100010
电　　话：（010）65133160（发行部）　　65133161（邮购）
网　　址：www.womenbooks.com.cn
经　　销：各地新华书店
印　　刷：北京通州皇家印刷厂
开　　本：150×230　1/16
印　　张：13.5
字　　数：130千字
版　　次：2017年2月第1版
印　　次：2017年2月第1次
书　　号：ISBN 978-7-5127-1411-3
定　　价：29.80元

版权所有·侵权必究　（如有印装错误，请与发行部联系）

如何使用本书

本书是一本互联网化的新概念图书，一本“会说话”、能互动的图书。

本书将为您带来社交化的阅读体验。您在阅读纸质图书的同时，可以便捷地享受向薛文英老师提问，收听薛文英老师领读语音，参与主题读书会、读者互助社群等多重功能。

只需扫描书中相应页面上的二维码，即可轻松玩转“会说话”的亲子游戏书。

扫码进入页面，直观感受本书五大创新功能，轻松玩转“会说话”、能互动的亲子游戏书

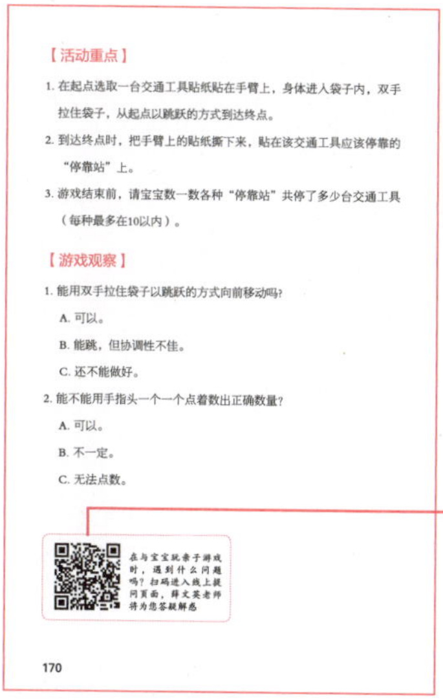
【活动重点】

1. 在起点选取一台交通工具贴纸贴在手臂上，身体进入袋子内，双手拉住袋子，从起点以跳跃的方式到达终点。
2. 到达终点时，把手臂上的贴纸撕下来，贴在该交通工具应该停靠的“停靠站”上。
3. 游戏结束前，请宝宝数一数各种“停靠站”共停了多少台交通工具（每种最多在10以内）。

【游戏观察】

1. 能用双手拉住袋子以跳跃的方式向前移动吗？
   A. 可以。
   B. 能跳，但协调性不佳。
   C. 还不能做好。
2. 能不能用手指头一个一个点着数出正确数量？
   A. 可以。
   B. 不一定。
   C. 无法点数。

在与宝宝玩亲子游戏时，遇到什么问题吗？扫码进入线上提问页面，薛文英老师将为您答疑解惑

170

通过图中的二维码入口，快捷进入本书的主题页面，获取实时更新的音视频延展内容。

扫码进入本书主题互动页面，体验线上提问、收听作者语音解读、参与主题读书会等多重功能

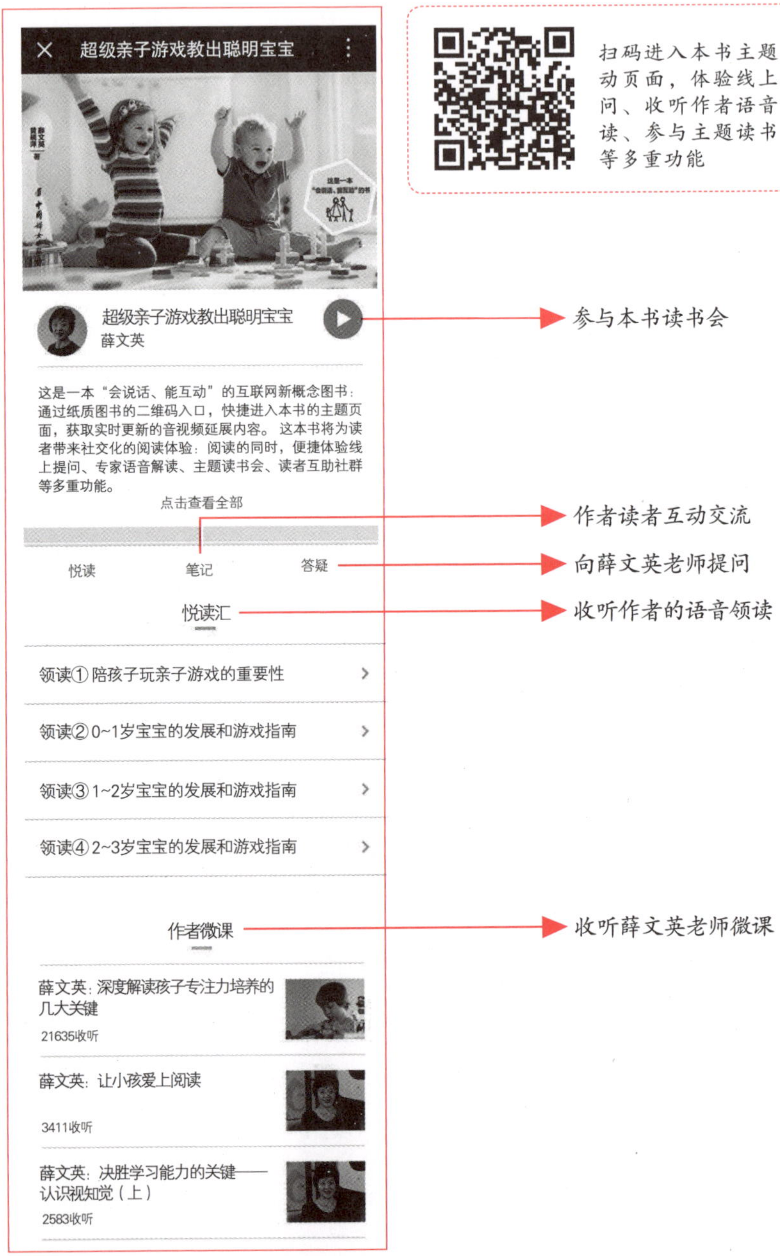

推荐序

0～3岁关键发展期，影响宝宝日后成就

文英和晓萍，都是好专业的妈妈。

能各自把俩孩子带好，自然是好妈妈，在出生率屡创新低的台湾，能有这两位妈妈的教养经验分享，当然是不可多得的好事。

在台湾还不知道感觉统合为何物的年代，这两位职业女性就获得了国际专业认证，开始将感觉统合的教育理论在工作和生活之中进行实践，又身体力行将理论深入浅出写进书中，又是一件令人欣慰的好事。

0～3岁的关键发展期，对宝宝日后成就的影响尤其重大。虽然很多活动看起来就像游戏，然而在正确的时间给宝宝适当的感觉刺激，真的能让宝宝发展得更好。因为这个阶段大脑在高速发展，大脑神经元彼此之间的联结在快速成长，然而大脑神经元如何形成网络而固化的过程，依然是个未解的谜团，不论我们用什么好方法教育孩子，他们都只能用自己的方法学会自己能学会的部分。

虽然大脑神经元之间的网络联结可能具有很高的随机性，但是活化大脑神经元令其开始联结肯定是感觉刺激造成的，如果孩子有机会在发展早期接触适当且多元的刺激，大脑就能得到充分的活化，神经网络联结就更有可能朝着刺激所期待的结果发展。把握适合的时间和宝宝玩适合的游戏，就是通过感觉刺激活化大脑神经元的好方法，父母通过游戏就有机会促进宝宝大脑神经网络的发展，帮孩子打好未来发展的基础。

10多年的时间里，文英一直在幼儿教育领域从事教学研发和师资培训的工作，而晓萍专注于教学管理及教学执行，两人联手写书，清楚讲解了“为什么”和“怎么做”，父母大部分的教养困扰也能找到答案了。

所以，这两位专业的好妈妈写的这本教养书，当然不能错过。

李　骥

儿童情商教育专家

序 1

轻松教养，幸福相伴

我是个生育了两个孩子的职业女性，每当听闻女性朋友为了怀孕生子而过得十分辛苦时，总觉得自己特别幸运。养育两个孩子，让我有机会可以亲身体验妈妈陪着宝宝欢笑和流泪的心情，能将专业教科书上的教育理论和真实生活做比对，并且因此获得心灵成长。

望着儿子比自己更高大的模样，说真的挺不习惯，两个帅气的青年不久之前还是天真可爱的小男孩。我心中充满无法形容的成就感，可脑海中依稀记得20年前，刚知道自己怀孕时的紧张心情！

养育一个独一无二、充满生命力的小宝宝，其中的过程充满了惊喜和未知，大多数的新手爸妈，在见到宝宝的第一眼时，真可说是充满了期待和担心的矛盾情绪。走过了这段过程后，我的内心充满感激，也盼望更多父母感受到育儿过程的幸福和喜悦。

21世纪的今天，中国年轻人依然背负着结婚生子压力，长辈催促着25岁左右的年轻人快生小孩，很可惜不管是育龄的青年还是主要负责照顾宝宝的长辈，都对宝宝的成长充满未知和困惑。许多家庭在新生儿出生之后，会因为教养问题而开始产生意见冲突，事实上，那些因爱而产生的矛盾完全可以预防和减少。

过去中国人重男轻女、“传宗接代”的观念也逐渐在改变，如今人们会认为，生男孩和生女孩一样好。以各国生育率列表来看，在文明发达的国家生育率相对是偏低的，但父母愿意投入教养子女的预算并没有上限，因为父母都希望把最好的留给自己的孩子。知识水平越高的家庭子女数越少，因为父母对无法预测的状况会更担心。

难道真的会养不起孩子吗？担心自己没有能力教孩子，太爱孩子，不想孩子担负压力……有这些想法的朋友反而更多。在从事幼儿亲子教育服务的工作10多年后，我发现，因为担心未知的育儿状况，高级知识分子迟迟不愿生孩子的原因，竟然是担心自己无法照顾好小宝宝。他们会因为听到太多消极的声音，比如养孩子会增加多少麻烦等，从而不想打破二人世界的现状。然而，事实上如果我们懂方法，就可以轻轻松松地养出健康快乐的棒小孩。

繁衍后代原本就是动物的本能，人类是所有物种当中心智、能力最高的动物，新时代的人反而为生儿育女的问题深感困惑，只因为学校并没有教我们如何当个好爸妈。陪伴儿子长大的这些年，孩子不断给我许多惊喜，“宝宝是如何学会的呢？”“为什么我小时候学很久才懂的事情，儿子学来自然而不费力呢？”强烈的好奇心成为我致力于婴幼儿行为观察和比较的动机。

“请不要把孩子当宠物养！”原谅我曾在演讲时如此直言，身为客观的教育咨询者，专业人员不该在评论中加入个人情绪，但在亲眼看到无数宠溺小孩而造成问题的个案之后，见到依然无助的父母总会叫人着急。有感而发的激进的言语也只是想给听众留下深刻的印象，期待以个人的力量激起一些涟漪，引起更多人能够重视儿童教育。

“写一本让妈妈可以轻松阅读的育儿书吧！”感谢出版经验丰富的好友廖翊君，有她的提议和支持才有这本书的诞生。过往确实花了很长的时间探寻宝藏，深夜望着家中数十本厚厚的繁体中文和简体中文的专业教科书，每一本都写得很详尽，其中不乏加上专家学者针对中国儿童所做的分析比较。还有必要再多写一本吗？一想起妈妈们在咨询时流泪无助的模样，我就坚定地告诉自己：“写吧！”我知道很多妈妈会需要。

好友黄晓萍老师以教育为终身事业，也是我在儿童发展研究的路上一位重要的伙伴，“找回人类最初的本能”，这是我和晓萍经常会聊到的理想。希望这本书能为爸爸妈妈或对婴幼儿教育工作者提供一些实用的参考。

感谢读者的支持，这本书在台湾前后已经出版了两个版本。2016年，在中国妇女出版社的支持下，即将首次推出简体中文版本。

我总相信人与人相遇就是缘分，孩子和父母的缘分最深，所以我们要珍惜宝宝出生的前3年，怀抱感恩和敬畏的心来教养下一代。

在台湾，有很多像黄晓萍老师这样具有专业知识和丰富实践经验的幼教工作者，他们在一个个平凡的岗位中默默地付出，一方面，小宝宝因为他们而获得细心的呵护；另一方面，父母学到实用的经验。教养不单纯是父母或老师哪一方的职责，而是需要家庭、学校以及社会三方通力合作的事情，只有这样，孩子才能发展出稳定的人格，我们需要往这个方向继续努力。

我们确实有能力可以把爱分享出来，培养出比自己更好的下一代。一切就从亲子游戏开始，以玩的心情享受学习的乐趣吧！

薛文英

扫码收听薛文英老师
解读如何用亲子游戏
教出聪明宝宝

序 2

亲子游戏的重要性

我曾在学校主修幼儿教育，如今从事幼儿教育20年，而在10多年前我又毅然投入幼儿感觉游戏领域，就这样享受着“幼儿游戏设计师”的工作，每天听着游戏室里父母和孩子亲密互动的呵呵笑声，我更确定——孩子的最佳玩伴并非五彩缤纷的玩具，而是父母本人。

在家庭游戏时，我们除了鼓励父母加入婴幼儿的游戏外，还需要给孩子找到适合的小道具。给宝宝使用的小道具最重要的是安全，玩具仅是一种工具，并不见得样样都需要昂贵和精致，日常生活里唾手可得的小道具只要用点儿创意，也能确保安全且玩出无可替代的价值。

我最推荐的道具是气球和纸张。气球材质薄软，使用起来不会让孩子撞伤或是发生意外；孩子很容易就可以把气球往上扔高，能获得很大的成就感。而气球本身的变化很多，不同颜色、形状甚至于声音便可以制造多种乐趣。对于较小的宝宝就可以运用面纸轻柔的触感，孩子游戏时不会受伤且能让孩子得到成就感；若使用纸张或报纸玩运动游戏，也可以将报纸卷成棒状，一样可以与孩子进行“拔河”或“造桥”的游戏。

我育有一儿一女，平日是孩子的妈妈，也是他们的玩伴。在孩子年幼时，家中的阳台也能成为我们共有的游戏室，他们长大后我更成为他们球场上的队友。然而，我们都知道每个孩子都是一个独特的个体，有着不同的个性、脾气，有的孩子可能在某些方面发展比较快速，但有的孩子在这些方面的发展上就稍慢些；而我从20年来教导过的幼儿与自己两个孩子身上也都印证了：不同孩子有自己的发展步调，父母要耐心地陪伴，给孩子信心和适时的引导和鼓励。唯有借由肢体表达及大脑的激发，才能培养出体力、脑力兼具优势的小孩。此外，孩子们在游戏中更可以调整情绪，提升忍受挫折的能力，培养应变能力。

0~3岁的宝宝在游戏中可通过手、脚协调自己的身体，做出自己想做的动作，培养敏捷的反应能力，让他们日后成为充满自信又受人欢迎的人。

与孩子一起在家里互动游戏并不困难，美妙的亲子游戏能够拉近家庭成员的亲密互动关系。轻松享受与宝宝一起游戏的趣味，今天才开始也还不算太晚。

黄晓萍

目 录

第一章 可爱又难以沟通的小天使
——0～1岁宝宝的能力发展与教养指南

第二章 0～1岁宝宝的亲子游戏

第四章 1～2岁宝宝的亲子游戏

第五章 挑战底线的冒险王
——2～3岁宝宝的能力发展与教养指南

第八章 3～4岁宝宝的亲子游戏

第九章 0~3岁宝宝发展对照表

第一章

可爱又难以沟通的小天使

——0～1岁宝宝的能力发展与教养指南

完美主义的妈妈，带孩子反而格外辛苦。

每当遇上这样认真的妈妈时，我总会感到特别心疼，

因为她们想做好母亲的角色，

只可惜对焦失调、用力过度了一点儿。

扫码收听薛文英老师解读0～1岁宝宝的发展特点

> > >

01 育儿前，先安定自己的心

“我自认为是个很努力的妈妈，从小就很喜欢小孩，大学修过幼儿教育相关的学分。怀孕后我很开心，终于有可爱的宝宝了。这段时间读了很多育儿杂志和图书，也经常向有经验的朋友请教，但是最近一听到宝宝哭声就有强烈的无力感……好像所有的幼儿教育理论和育儿知识，全部都塞在脑子里打结了，请问该怎么办才好？”

曾经有位看来相当无助的妈妈，在第一次见面时，就忍不住向我说出了她心里的焦虑和不安。当时我能深刻地感受到她内心的困惑和无力感，因为自己曾经有过类似的体验，所以记住了她所说的话。在投入亲子教育工作多年之后，我遇到过太多爸爸妈妈都有育儿方面的疑问，这些问题也引起了我的好奇心，我希望有办法能让爸爸妈妈们多想想小宝宝的可爱，避免全家人在育儿时期的手忙脚乱和焦虑不安。

这些年婴幼儿早期教育受到普遍的关注，网络上讨论亲子话题的社群很多，每个社群也都有热心的妈妈在深夜交换彼此的育儿经验。

求好心切的妈妈确实不少，她们凡事都很认真，对自己要求更严谨，从怀孕开始为了给宝宝最好的成长环境，还愿意放弃一切个人的喜好，只希望能亲力亲为给小宝宝最佳的照顾。

在过往认识的家庭中，我特别关注到一个值得注意的现象：完美主义型的妈妈，带孩子反而格外辛苦。每当遇上这样认真的妈妈时，我总会感到特别心疼，因为她们想做好母亲的角色，只可惜对焦失调、用力过度了一点儿。

“由母亲自己照顾孩子，对宝宝最好吗？”参加专业保姆上岗培训的学员问道，她想当个专业的保姆，所以来报名参加专业研习课程。

客观地说，小宝宝需要有个稳定的照顾者，但这个主要照顾者不一定是母亲。研究发现，婴儿时期是孩子建立安全依恋关系的关键期，若能够有一位稳定的照顾者，对宝宝的情绪稳定和自信心发展会有帮助，因此一开始的选择，就相对显得更重要了。

近年来，我发现有些退休老人也开始来学习如何教育孩子的课程。当我谈到现代家庭照顾宝宝的各种怪现象时，台下的学员频频点头微笑。于是我好奇地问：“今天看到有几位伯伯和阿姨看来不像是考保姆执业资格证的，为什么也特意过来上课呢？”

“我退休了，时间很多，所以来多学点儿新知识，将来有孙子也就知道要怎么教呀！”

“术业有专攻，今天上课才知道，原来照顾宝宝有很多学问在，以后我们要更配合幼儿园老师了！”

听到这样的回答实在好感动，从20多岁到六七十岁的人都愿意来学习教养孩子的知识，这真是进步社会的象征，我可以想象能够成长在这些家庭的小宝宝会很幸福。学习不分年龄和阶层，教学相长的经验实在很难得。讲台前方，学员们明亮的眼睛里闪动着求知若渴的光，他们频频点头微笑，这些气质高雅的银发族学员加入，让我感觉星期天的午后教室充满生机。似乎打从那天开始，我更加重视每一次的经验分享，无论什么媒体邀约，只要时间许可就设法出席，同时我对自己的工作也更有信心。

照顾婴幼儿是门专业的学问，想要担任育婴工作的人必须要通过专业认证的考核。对于现代父母来说，事实上也必须参加育儿课程。学会了才不至于为人父母时手忙脚乱、不知所措。让育儿知识普及，使更多的爸爸妈妈了解儿童发展和心智成长的奥秘，这是一件值得大家投入更多努力的基础教育工程。

新手爸爸和妈妈在角色转换前，必修的第一课，就是学习让自己的情绪安定下来。

温馨提示

- 无须担心自己能不能当个好爸妈。
- 人类有生育教养的自然本能，每个宝宝与父母都会产生相处的默契。我们要先学会让自己的情绪稳定下来，用心欣赏宝宝的一举一动。

我该不会也有产后抑郁吧

“我会有产后抑郁症吗？”在分娩后才学着如何照顾婴儿的妈妈常常手忙脚乱，忍不住担心了起来……

产后的妈妈们很容易多愁善感，有时会无端地伤感起来，即便向来做事利落、理性坚强的女人，在产后这段时间也可能会发现自己变得比较情绪化。因此，全家人在欢喜迎接新生命的同时，也需要适当关心和照顾妈妈。

许多女性在怀孕时因为激素改变，可能会造成易怒、情绪起伏剧烈、容易与最亲密的家人发生口角。这些异于平常的表现，经常在事后会让当事人也觉得莫名其妙。研究证实，这是很自然的生理变化造成的影响，无须担心。只要我们学会体察这些情况，就能设法加以克服，顺利走过身心稍微混乱的过渡时期。

一位向来个性开朗的女性朋友说：“我觉得自己那段时间好像变得没耐心，容易看事情不顺眼，变得有点儿多疑……”

另一位朋友则笑着跟我说，她在坐月子期间好像变得“泪点很低”，连看个电视新闻报道都能流泪。幸好另一半能够懂得她这种情况可能是怀孕造成的生理反射行为，所以能够体谅，在老婆情绪失控时先让她适当发泄，然后慢慢引导她转移注意力。

“我真的发现学习育儿知识很重要，不只对宝宝有帮助，也对全家人都有益，是促进家庭和谐的好方法。最近这两年一向严肃的爷爷也开始和孙女开玩笑，这种变化连我老公和婆婆都觉得不可思议呢！”这是台北张老师在接连生两个孩子回来上班后分享的妈妈心得。这位开朗的老师因为懂得育儿方法，顺利化解了产后压力，更因为增添了宝宝而改变家人相处时的气氛。

这就是我希望传达给年轻妈妈的理念：“当你觉得心情不好时，其实你并不孤单。”勇敢接受生命赋予我们的新挑战，一切都会更美好！

许多研究都证实，父亲的陪伴对婴幼儿的身心健康发展很有帮助。一项始于1950年的长期追踪研究发现，在5岁时有父亲陪伴并且参与照顾的孩子，长大后要比缺乏父爱的孩子，更具有同理心和慈悲心。这项研究还发现，在这些受试者41岁时，曾体验过较多父爱的受试者有比较好的社交关系。

中国人的传统观念中有“照顾孩子是女人家的事”，这大概也是绝大多数的男性朋友永远无法理解当妈妈的心情的原因。在过去育儿的那些年，我很庆幸自己能够得到先生的支持，同时他为我分担了育儿压力。我们也注重培养孩子更多的同理心，希望孩子能体谅别人付出的辛劳。

“不就是生个孩子吗？也给她找了保姆照顾宝宝，还有什么好烦恼的呢？”年轻的爸爸忍不住偷偷抱怨，直率的我当下便请他别开玩笑。女人若听到最信任的人这么说，肯定会感觉更难过。平心而论，女性在生孩子前后确实会面临巨大的身心变化所带来的压力，包括身材变化、生活作息变化和角色变化……好多事情都需要时间慢慢调整。部分妈妈还要面对婴儿性别是否符合家人期待、宝宝出生后如何照顾的意见沟通等问题，这样的改变与男人换工作的复杂程度相比并不低。一旦发现原本开朗的产妇对许多事情都提不起劲儿来，成天吃不下也睡不着，家人就要提高警惕，耐心倾听和陪伴可以帮助新手妈妈度过产后抑郁期。

根据统计，怀孕中后期就有抑郁情绪的女性，患产后抑郁症的比例高达八至九成；怀孕之前，常处于抑郁情绪状态的女性也易患产后抑郁症；完全没有抑郁症病史的人，也有10%的概率患上产后抑郁症。抑郁症的高危人群，在孕期压力、支持系统不佳的情况下会诱发抑郁症，抑郁症甚至会导致妈妈与婴儿没有亲密感。所以我们不能轻视产后妈妈们的情绪状态。

这是一本专为新手爸妈写的工具书，期盼宝宝的出生能为每个家庭增添幸福和活力，让宝宝幸福快乐的笑声在充满爱的家庭中回响。

温馨提示

- 女性在怀孕到产后期间会因为激素改变，而在情绪调控能力上失去平衡。提早学习一些育儿知识可以减少对未知的担忧。
- 0～3岁宝宝的妈妈需要家人和朋友的正面鼓励，以协助她们度过身心稍微混乱的时期。

02 体会0～1岁宝宝的成长奥秘

宝宝出生后，大脑和感觉神经系统还没有发育成熟，需要依赖大人精心的照顾。在照顾宝宝的过程中，我们可以深刻体会到宝宝成长的奥秘……

或许你的小宝贝生来就有与爸爸相似的眉毛和眼睛，有和妈妈很像的樱桃小口，模样精致而讨人喜欢。怀抱着可爱的小宝宝，很容易引起女性朋友发挥无限想象力。

“老师，您看这宝宝像谁？这孩子会聪明吗？”很多人爱这么问，真叫我难以回答呢！若要说起育儿经验也算个过来人，我就给比较熟识的朋友讲实在话：当爸妈首先要承认一个事实，眼前这个天使般的小宝贝，会以自己的步调长大，会有自己的个性和兴趣，有一天他将成为一个和爸妈有点儿像但很不一样的独立个体。小时候不管他像谁，也不论这个宝宝长大是否聪明，我们都要珍惜他。总之，宝宝长大后会最像他自己。

你我都还在学习如何做个有智慧的家长，不管孩子今年3岁、13岁还是23岁，我们都得要小心，别将自己未完成的梦想投射在孩子的身上。为人父母最大的任务就是在孩子需要的时候，引导孩子发挥潜能走向正确的方向。若可以调教出个通情达理的孩子，成功后还懂得回馈社会，那真是无比伟大的成就。

从你打开这本书开始，估计再过10余年的时间，孩子就可能长得比妈妈还要高了；但无论过了多少年，孩子依然是那个让父母放心不下的宝贝。青少年时期，孩子将会关注自己和朋友更多，直到长大成人以前，父母必须让孩子具备独立生存的能力，我们要留给孩子最大的宝藏不是有形的金钱财富，而是解决问题的能力。而我们必须明白，能力是日积月累一点一点形成的，孩子一定会按照进度慢慢成长，绝对不可能在一夜之间就变成熟，所以教养子女不需要过度担心，但也不能放任溺爱。

这是一个讲究科学证据的时代，特别是习惯理性思考和做事的爸爸妈妈，总会希望做有根据的事。照顾孩子这件事是很难强加控制的，遗传、教育、环境、文化等外在的变动因素太多，亲子互动时我们必须有弹性调整的心理准备，因为孩子不是光说道理就能讲得通的，所以要先懂他们，才能轻松教好他们。

照顾孩子是份消耗体力和耐力的工作。请在照顾孩子时更要爱护自己，你必须先相信自己有能力教出优秀的孩子，学习以欣赏的眼光看待孩子在不同年龄身心变化所代表的成长意义。这种正向思考的态度具有强大的作用，在心理学上称为“皮格马利翁效应”。

生命中的前3年是建立亲子关系最重要的时期。多数爸爸妈妈生活中有太多的事情要同时顾及，所以不妨将这本书当成小品短文来阅读，想象成一位熟悉的好友在陪您聊天说故事。在孩子熟睡时，翻开您感到好奇的问题轻松想想——或许您会突然惊喜地发现：在不知不觉当中，孩子又进步了一点点。

温馨提示

- 0～1岁宝宝不会说话，我们可以通过观察来读懂他的心声，读懂他的行为。
- 请以欣赏的眼光来看待宝宝在不同年龄身心变化所代表的成长意义，不要急于让宝宝提早学会什么，这样才能真正享受亲子游戏的乐趣。

03 0～1岁宝宝的动作发展

中国人计算年龄时，常会有使用虚岁的习惯。在婆婆妈妈之间讨论起孩子多大时，常常会对年龄产生误解。生活中，人们也会不由得讨论起谁家的宝宝多么会讲话，多么聪明伶俐……但人们可能容易忽略，在这些情境下，经常会有多愁善感的新手妈妈感到紧张，妈妈不喜欢自己的孩子显得不足，一听说同龄的孩子会什么而自家孩子还不会，内心总会产生沮丧。

为了减少误解，以宝宝的足龄来讨论是比较客观的，因为在宝宝出生后的第一年，每个月都有很大发展。举例来说，照顾者如果以为宝宝还不会翻身，把宝宝从手上随手放下来，只不过是暂时起身拿个东西，下一秒便可能见到宝宝从沙发上滚到地上。其实这样惊险的状况经常发生在小婴儿的家中，只是多数的宝宝因为身体被层层包裹住而没有受伤，造成意外伤害的比例不算太高，但我们千万不能够轻视居家安全的细节。

宝宝是如何长大和学习的

古今中外想探索人类心智成长的人很多，其中不乏哲学家、心理学家、教育家或医生及大脑神经科学家等，他们在各自专业领域中进行长期的研究，希望能找出提升人类智慧的答案。

21世纪的父母有丰富的信息可以做好育儿的准备，而不需要从错误尝试中再获得经验。关于宝宝学习、成长的发展历程，我们可以从了解人类大脑的发展中得到更多的答案。

大脑控制人的行动和思考，大脑构造和感觉神经系统通过肉眼是看不到的。科学家们研究发现，宝宝出生后的视觉、听觉的神经系统还不成熟，所以宝宝无法看清楚，也不能分辨复杂的声音，连翻身运动都得经过几个月时间才能掌握，但从出生的那一刻起，宝宝的大脑已经开始忙着学习。

大脑内的神经细胞在出生后就形成了，但决定一个人动作反应好不好，则与大脑皮质层各功能区的神经细胞突触联结是否紧密有关。

刚出生的宝宝的脑细胞突触联结呈现稀疏的状态，主动性的视觉、听觉、身体动作的刺激都可能促发大脑神经突触联结，所以随着年龄和经验的增长，突触联结会形成一个紧密的网络。大脑神经突触联结在青少年时期有个重整的阶段，在大脑神经网络没有稳固形成之前，宝宝能听懂话但还不会说话，或动作不够精准也是生理发育尚未成熟的原因，但这些发展只能按照宝宝自身的节奏，是父母急不来的。

温馨提示

宝宝学会走路或说话的时间早晚，与大脑感觉神经发育的成熟度有关，在动作、情绪和智能发展方面也有彼此牵制的关系，所以培育健康的宝宝必须重视身心发展的平衡。

为什么要注意宝宝的动作发展

儿童发展有一定的步调，所以无论是亚洲还是欧美国家的小婴儿，虽然父母照顾的方式不太相同，但他们能坐、爬、走的时间不会相差太多。人类生理发展有一定的过程，就如同植物成长，不能为了加快成长速度而揠苗助长，但是如果宝宝的动作发展落后太多，就需要父母特别关心和重视了。

婴儿的反射性动作

婴儿出生后会有原始反射性行为是脑部发育的早期征兆。举例来说，刚生出来的婴儿就会有吮吸的能力，婴儿的探索反射让婴儿在母亲喂乳时会自动转头、张开嘴巴开始吮吸。此外，当婴儿感受到突然的声音或动作时，会有惊吓反射（莫罗反射）动作，婴儿会在瞬间把双腿、手臂和手指同时伸展开来。这些很普通的小动作，其实都是代表大脑感觉神经系统发育正常的反射动作，也是专业衡量婴儿健康与功能的众多方式之一。

虽然爸爸妈妈无法快速学会婴幼儿发展的所有理论，但是我们仍然有必要在日常照顾宝宝时，定期观察宝宝的动作发展情况，调整照顾宝宝和亲子互动的模式，用更轻松的方法让宝宝接触到多样化的感觉经验，就可以刺激大脑内神经细胞突触联结，帮助宝宝积累正确的感觉经验值。

动作发展的顺序

婴儿在胚胎时头部、大脑和眼部发展最早，然后才是躯干部和四肢部。出生后的婴儿也是照此顺序发展，先转动头部，以自己的力量挺住占有自己身体一半长的头部。然后再发展躯干和四肢的动作，2岁以后直到成人，我们可以发现头部相对于身体的比例会越来越小，腿部相对于身体的比例慢慢变大。

通常健康的宝宝自己就有移动身体想要向外探索的本能，宝宝出生满3个月之后的动作变化就更多了，开始会发出声音吸引别人一起玩，也会注意听熟悉的声音。

研究发现，婴儿确实有学习和模仿的能力，在长期的观察下我们可以看到婴儿接收外界信息的感觉神经系统开始快速发展，他们对外界的声音、影像、气味都有反应，短期记忆也在慢慢地形成。

0～1岁宝宝的心智正在发展，此时的宝宝必须通过动作来接收外部信息，所以宝宝必须通过身体的感觉来学习，并且认识这个世界。

温馨提示

宝宝的头部保护非常重要，因为大脑当中复杂的神经细胞和血管组织还没有发育成熟，经不起外力碰撞或大幅度的晃动。在爸爸妈妈和宝宝玩得起劲儿时，千万要记得这个原则，绝对不可将未满周岁的宝宝高高举起再突然放下来。

重复的无聊动作要不要纠正

“宝宝一直吃手指头，请问有什么好办法可以戒掉吗？我担心宝宝现在不改长大会养成坏习惯。”

“最近宝宝很爱乱扔，东西掉地上后又大叫，帮他捡起来交给他，可是不到一分钟又扔下去……这孩子爱整人吗？打他小手也不怕，如何教宝宝爱惜东西呢？”

类似的疑问常常让0～3岁宝宝的妈妈很烦恼。从妈妈的话中我们可以感受到望子成龙的心情，妈妈对做好家庭教育有迫切的责任感，因而对达不到期待的结果会感到失望，这是很正常的情形。新生儿给家人带来的兴奋感也有蜜月期，在宝宝动作发展开始进步后，家人就会有忧喜参半的复杂心情。所有的大人都想教出有礼貌的好孩子，所以才会努力在放任和管教之间找平衡。

在陪伴儿子或观察其他小宝宝游戏时，我深深领悟到，很多爸妈所陈述的“怎么讲孩子都不听”或“孩子莫名其妙找麻烦”的问题，如果从大脑神经生理发展的角度来看就变得合理许多。

婴幼儿哪些动作只是阶段性的过程？在何种状况就需要特别关心？下页的表格（见表1）提供一种简单的思考方式，我们可以先就发生的时间是否在合理范围内做冷静的观察，或许就能更坦然、更理性地看待，原来宝宝所造成的生活上的不便，只不过是成长必经的过程。

本书中有专为不同月龄宝宝设计的游戏，就是根据婴幼儿发展和身心需要而设计的亲子活动。与宝宝做游戏时，我们要掌握的第一个重点是营造舒适安全的环境，让孩子感到安心。情绪具有感染力，小宝宝可以敏锐地感受到照顾者的情绪状态。

表1 0～1岁宝宝的动作发展

婴儿常有的动作	出现时间	轻松看发展	照顾/理性观察
爱吃手指（脚趾头），拿到东西就放嘴里咬	发展较快的宝宝通常在5～10个月出现此行为，大多数宝宝在7～12个月出现此行为。	·口触觉学习期。 ·主动寻求触觉刺激。 ·逐步建立身体形象认知，学习控制四肢运动。 ·发展较快的宝宝会很快进入更成熟的阶段：用手触摸或眼睛看就可以正确分辨东西能不能吃。 注意：满2岁的宝宝若见到新玩具还会先咬一咬，必须特别注意可能发展落后或其他特殊原因引起。	·发展阶段性的动作，无须强迫纠正或禁止，多注意手指的清洁度。 ·注意居家物品的收放位置，不让宝宝轻易拿到。 ·选择安全玩具，定期做好消毒。 ·若出现咬玩具行为的时期已经结束，但突然再发生咬玩具的动作，可观察近期是否有情绪适应不佳的情况。 ·若超过正常时间还持续发生咬玩具行为，建议去儿童医院或相关机构进行检查。
重复扔东西	9～11个月	·手掌和手指头已经能有意识地控制伸展和紧握。 ·对能发出声音的物品有高度兴趣。 ·会重复想要摆弄物体。 ·对经常出现的情境开始能够产生记忆。	·把家中易碎的物品收好，留下能发出声响的玩具，这样的玩具宝宝更爱扔着玩。 ·准备宝宝能用手按压或旋转的玩具，设法转移宝宝的注意力。 ·不要在捡回东西后和宝宝嬉闹拉扯，宝宝会误以为扔东西是大人也喜欢的游戏。

04 0～1岁宝宝的情绪发展

您想培养一个快乐开朗的小宝宝吗？

接下来，我们来谈谈0～1岁宝宝的情绪发展。

“宝宝好像比较喜欢白天照顾他的阿姨，反而不喜欢让妈妈抱。我真的好难过，看到宝宝和别人相处比跟亲生妈妈还亲密实在无法接受，我在考虑是不是要换个保姆，您觉得呢？”

千万别为了一时冲动而突然换新保姆，宝宝会有分离焦虑和陌生人焦虑，这是正常的现象。如果您想和宝宝建立亲密的亲子关系，那么花点儿时间是必要的，建议您耐心地跟保姆或与宝宝相处时间比较长的照顾者请教如何看懂宝宝的需要，宝宝有没有特定的喜好或习惯，毕竟有经验的婴幼儿照料者确实在观察方面较敏锐。

大人都知道喜、怒、哀、乐代表的情绪意义，但婴儿不会因为被骂而停止哭闹，对于理解能力尚未形成的宝宝而言，他们不会懂得讨厌某个人或特别喜欢某个人，所以先不要情绪化地解释宝宝的行为反应，从而自己担心起来。

在出生后的前半年，宝宝所表现出来的哭、笑等行为反应，常常只是因为宝宝的感觉神经系统受到刺激。举例来说，宝宝会因为听到突然的声音而哭，这时的哭声没有害怕的意思，只是单纯的听觉刺激太强烈带来的神经反射动作。

“这宝宝好像特别爱哭，是不是脾气不好呀？”爸爸妈妈常有这样的疑问，有时候真的会误读还不会说话的小宝宝。眼前的孩子天真可爱，就看我们是不是懂得引导他。

宝宝受到身体感觉神经系统的刺激影响比较多，当知道这一点，我们就能理解宝宝会以不同的哭声来传达他究竟想做什么。在健康的状况下，多半是饿了、尿布湿了、想引人注意、姿势不舒服无法调整、想做什么，而大人一直无法满足他的需要，所以才会以哭声来表示；照顾者如果可以适时地回应宝宝，可以让宝宝建立安全依附感。

听到宝宝发出信号时可以和宝宝说话，妈妈可以说：“宝宝等一下，妈妈把东西收好就过来。”别以为小婴儿听不懂，只要愿意发出声音和宝宝互动，宝宝可以暂时等待1～2分钟，这样照顾者就有时间快速把手边的工作整理好。

可是如果大人长期冷淡地对待婴儿所发出的信号，小宝宝就只能用更强烈的哭声来获得注意。

延迟等待的能力是宝宝情绪发展成熟的象征，研究人员发现，幼儿时期较能忍受等待的宝宝，长大后情绪较稳定，与冲动而无法等待的幼儿相比会有差别。

照顾0～1岁宝宝时就是要让宝宝多活动，白天不管是让宝宝一个人玩还是出门散步都比把宝宝放在单调的房间静静躺着要好。在过往的观察个案中，我会对太安静成天躺着而没有反应的宝宝比较担心，希望妈妈花更多时间激起宝宝对外界的反应。因为在正常的发展中，宝宝会自然发展出好奇心，对外在环境有探索的动机。简单来讲，宝宝有点儿小小的顽皮是好现象，表示这孩子的脑子内部正在迅速活动着，而不是被动地等待外界刺激它。

以大脑发展的原理来看，亲子互动时得按部就班定下目标：首先让宝宝的大脑和身体灵活起来，下一步才期待宝宝懂得语言表达和守规矩。

表情丰富的模仿高手

婴儿是天生的模仿高手，如果平时经常和宝宝一起玩，我们就可以发现宝宝会模仿爸爸妈妈的表情。当你对着宝宝伸出舌头，宝宝也会跟着一起做，就如同照镜子一样有意思。人类的大脑内有种镜像神经元的神经细胞，它可以让宝宝模仿对方的脸部表情或肢体动作。所以在婴儿时期若每天可以近距离和宝宝说说话，无论对宝宝的视觉发展还是听觉发展都有帮助。

宝宝每天都在默默地观察和学习大人的表情、动作，连说话的语调和表达的口气也会通过敏感的听觉而吸收进去。虽然每个宝宝开口说话的时间可能前后相差半年，可是我们可以观察到通常10~11个月的宝宝就能听懂大人说的话，并且用摇头或点头来表示自己“要”或“不要”。

10~11个月的宝宝只是暂时还不会说话，但他们已经开始在学习了，爸爸妈妈要懂得调整自己的情绪，经常以开朗和乐观的态度看待一切。如此一来，在潜移默化中，就自然能教出笑口常开、举手投足都显得彬彬有礼的孩子。

温馨提示

- 刚出生的宝宝用哭声来表达生理需求，分辨宝宝不同哭声所代表的意思。
- 若大人长期冷漠地对待宝宝发出的信号，宝宝只能用更强烈的方式来获得注意。

宝宝闹脾气、哭不停怎么办

当宝宝无法控制情绪而哭闹不停时，大人反而更要冷静下来，用温和而坚定的话语表达我们的关心，想办法转移宝宝的注意力。有些人不懂得要转移宝宝的注意力，当宝宝哭闹时就问他：“小宝贝你怎么了？你到底想做什么？”宝宝讲不清楚当然持续哭个不停，于是大人就忍不住越问越急，讲话声音比哭声更大，于是两人都呈现出失控的状况。

遇到宝宝突然大哭，爸爸妈妈应先检查宝宝是否受伤或身体不适……如果一时之间找不到宝宝哭的原因，可以先将宝宝抱离哭闹的现场，或许刚才有某种声音或视觉刺激超出了宝宝可以接受的范围，而他还没有调整适应好，无法在短时间控制生理的反应，所以才会哭得停不下来。

表达情绪的方式有很多，我们还可以教宝宝用表情、动作配合声音来和别人沟通。拍手表示开心或鼓励，点头表示谢谢，摇头表示不要，左右摇手是“危险 / 不可以”。有很多方法可以教还不会说话的宝宝开始做人际互动。

05 0～1岁宝宝的语言发展

幼儿习惯通过听说的方式来学习，因为阅读需要更多的耐心和理解能力。能够简单表达自己想法并快速讲出重点的人，相对也比较容易获得别人及时的回应。有些孩子懂很多，但口语表达能力不够强，或许他们用文字来表达的能力比说话更强，这类孩子就容易吃闷亏；在亲友聚会时我们也常发现，能说会道的孩子很吃香，常能成为引人注目的焦点，得到大人更多的称赞。

即使爸爸和妈妈都不习惯在公开场合讲话，孩子也可能会有语言方面的天赋。并不是每个人天生都很会说话，后天环境和学习引导可以产生很大的影响，只是语言发展有个过程，虽然急不得，但也不能忽略不教。婴幼儿时期是学语言的关键期，如果在6岁之后才发现孩子语言表达能力发展比同龄人慢，此刻才来补课，往往就会事倍功半。

如同前面提过，宝宝有绝佳的模仿能力，所以从宝宝出生之后，我们就该经常和小宝宝说话，不要错过这个对声音敏感度发展快速的好机会。早在30多年前，研究人员就对出生不久的婴儿做过实验统计，他们给婴儿吮吸奶嘴时播放一段妈妈念故事的录音或陌生女子的录音。结果发现，宝宝在听到母亲声音时吸吮奶嘴的动作，比听到陌生女子录音时动作多出24%，显然宝宝对习惯的声音会有偏好。那么请想一想，如果宝宝与家人学讲话时沟通比较容易，和陌生人互动时反应比较少，需要多一点儿时间来适应也就不足为奇了。

很多关于宝宝学习语言的研究都发现，家人和宝宝讲话的同时能让宝宝看到家人的表情和动作也很重要。如果只通过播放单调的录音而想让宝宝自己学会语言，缺少人陪同和互动的情况下，学习效果是极为有限的。

温馨提示

0～1岁宝宝的听觉反应很强，对声音的敏感度是日后学会说话的必要条件。请在宝宝清醒时，经常和宝宝面对面地说话。

表2 0~1岁宝宝的语言发展和意义

和语言发展相关的表现	对于儿童发展的意义
能听见不同声音，能分辨声音或音乐。	宝宝有正常的听觉辨识和听觉记忆能力。
能发出不同声音与人互动。	宝宝已具前语言期的学习能力，能牙牙学语、模仿声音。
听懂大人简单的指令。	宝宝和照顾者建立很好的安全依恋关系，语言理解力佳。
可以用肢体语言来表达意思。	宝宝心智开始发展，已经开始进行有意识的学习行为。
会正确地叫爸妈。	能够开始学习指认物品，开始会认人。
会说单字。	快速发展听和说的能力，可增加模仿说话的互动练习。

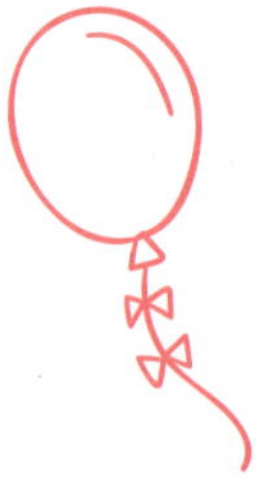

第二章

0～1岁宝宝的亲子游戏

与0～1岁宝宝游戏前，首先要布置一个安全的环境。
此外，还要随时关心宝宝的体能状况，
千万不可以勉强进行。与宝宝游戏时每次的
时间不需要很长，而是要有重复性。

01 0～4个月宝宝的亲子游戏

0～4个月的婴儿运动没有特定的目的，对他们来说，凡是可以听一听、看一看，还可以动手摸一摸的互动都是好玩的感觉经验。

0～4个月宝宝的大动作

4个月时的宝宝在俯卧时会设法将头部和胸部抬高；拉着宝宝的双臂将宝宝由平躺姿势坐起时，头部可能会往后微仰，但宝宝身体被扶起变成坐姿时，已经能够用力维持头部的稳定。

0～4个月宝宝的精细动作

当发现宝宝躺着时手指头会张开、抓奶瓶或开始凝视自己的手，会用手把东西放入口中时，代表他已经发挥探索本能，更显示出已具备抓和放的肢体动作。

与0～4个月宝宝建立关系、表达情感

4个月的宝宝已可以双眼凝视人物并追寻移动之物，而且还会露出亲切的微笑。

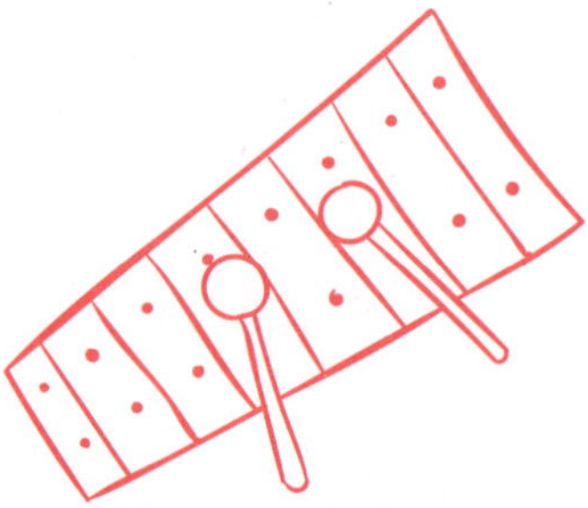

拔萝卜

【游戏重点】

1. 宝宝躺着，妈妈坐着面向宝宝。
2. 妈妈将左右两手的大拇指分别放在宝宝的两手上。
3. 当宝宝握住妈妈大拇指时，妈妈用手指头轻轻地将孩子的手包住至腕关节的地方。
4. 妈妈的大拇指轻轻使劲儿往上提，直到感觉宝宝也跟着使劲儿身子上提为止。
5. 轻轻放下来，重复做8～10次。

【游戏观察】

1. 宝宝俯卧时头和胸部能否抬起？
   A. 可以。
   B. 抬起，但很吃力。
   C. 完全不行。
2. 宝宝的视线是否会追随运动中的玩具而移动？
   A. 可以。
   B. 宝宝在看，但视线还不会跟着移动。
   C. 完全不会。

苹果树

【游戏重点】

1. 准备圆盘小衣架。

2. 可利用圆形泡沫塑料球（小），分别装入黑色和白色的糖果袜中。

3. 将装好球的糖果袜夹在衣架上。

4. 由妈妈拿着衣架把黑色袜和白色袜放在宝宝眼睛上方约30厘米处，鼓励宝宝伸手去抓。

【游戏观察】

1. 当宝宝看见眼前有东西晃动时，是否会伸手触摸？

 A. 会。

 B. 会，但需要一点儿时间。

 C. 完全没动。

2. 宝宝抓握东西时，会不会使劲儿握紧？

 A. 会。

 B. 摸一摸，但没使劲儿。

 C. 完全没动。

汽车躲猫猫

【游戏重点】

1. 父母准备一台可以推动的玩具汽车。

2. 让宝宝俯卧趴在地板上。

3. 由妈妈来推动玩具汽车，让宝宝趴在地上用眼睛搜寻玩具汽车滑行移动的方向。

   注意：可以左右或前后推动玩具，但是速度不能太快，以免玩具伤到宝宝的脸部。

【游戏观察】

1. 宝宝俯卧时，头、胸部能否抬起？

   A. 可以。

   B. 抬起，但很吃力。

   C. 完全不行。

2. 宝宝的视线能否追着汽车移动？

   A. 可以。

   B. 在看，但无法移动。

   C. 完全不行。

02 5～8个月宝宝的亲子游戏

不同月龄的婴儿，由于生理和认知成熟度的不同，肢体发展会产生阶段性的变化。5～8个月的宝宝，已经从单纯的身体反应动作逐渐进步，开始增加较有意识和意义的行为，例如能与人互动大笑，能发出声音引人注意等。由于肌肉神经系统的发展更进步，宝宝对外界刺激能做出更佳的反应。

5～8个月宝宝的大动作

此时的宝宝已能坐着，但稳定度仍不够；脚能向着身体前方，但仍会微微缩着。

各种活动可以帮助宝宝实现头颈部的肌肉控制和上半身的稳定。虽然宝宝的体力和前一个阶段相较已进步很多，但若有不够熟练和持久的活动，仍可反复练习。

5～8个月宝宝的精细动作

此时期最需要多练习动手拿和抓取物品，让宝宝的手掌和手指的协调控制能力更成熟，有助于提升未来进行精细动作时的效率。

与5～8个月宝宝建立关系、表达情感

此阶段的宝宝开始会大笑，喂宝宝吃东西时他也会自己张开嘴，宝宝会用动作或声音表示还要吃其他东西；宝宝在哭闹时，也能因为受到照顾者的安抚而安静下来。

不倒翁

【游戏重点】

1. 妈妈先坐在地板上，让宝宝侧坐在前方，妈妈用手和脚环绕在宝宝身体前后。
2. 手拿小物品在宝宝视线平行的前方左右摇晃，吸引宝宝移动身子伸手去取。
3. 左右移动让宝宝通过活动加强头部的控制能力与坐姿稳定度。

注意：在活动时妈妈的另一侧手和脚要在宝宝背后保护着，在宝宝身体失去平衡时做好安全保护。

【游戏观察】

1. 宝宝能否稳稳地坐着，且脖子是否保持在中间位置不倾斜？

A. 可以坐起。

B. 坐不稳，很快就躺下。

C. 目前还无法坐起来。

2. 宝宝看见前方有玩具会想伸手拿吗？

A. 可以准确摸到。

B. 看一下，但不会伸手。

C. 完全不理会。

停、看、听

【游戏重点】

1. 妈妈将小物品放在宝宝手上，让宝宝用力握紧。
2. 请宝宝把东西交给妈妈。若宝宝还不会放开手，就把他手掌打开、取走物品。
3. 在宝宝面前摆放各种材质的玩具，让他自己抓取再放下，把玩不同形状或重量的玩具。

【游戏观察】

1. 宝宝会自己伸手去拿玩具吗？

   A. 会，主动性很强。

   B. 需要被引导。

   C. 没有反应。

2. 宝宝会用双手拿着玩具咬着玩吗？

   A. 会。

   B. 还不会主动去拿玩具。

   C. 只能紧握不放。

躲猫猫

【游戏重点】

1. 在床上可以准备多块小手帕、大手帕。
2. 让宝宝躺着，往他的脸上盖上小手帕。
3. 妈妈发出声音，试着让宝宝自己动手拉开脸上的手帕。

提示：当孩子学会拉开手帕后，可将手帕改为大手帕或毛巾。

【游戏观察】

1. 宝宝是否可以拉开自己脸上的手帕?

A. 可以。

B. 需要被引导。

C. 完全不行。

2. 当宝宝拉开手帕时，脸上表情反应是什么?

A. 会开心地笑。

B. 脸上没表情。

C. 大哭。

03 9～12个月宝宝的亲子游戏

9～12个月属于宝宝的学步期，当他从腹部离地爬行到能扶着东西站立，再到自行跨步决定自己的前进目标，就迈入了新的发展阶段。宝宝每天忙着探索丰富的世界，他的好奇心超乎你的想象，每一件事物、每一个声音都会吸引他。

9～12个月宝宝的大动作

此时的宝宝会尝试站起来，如坐着时，身体也会挪向想要的物品位置。建议爸爸妈妈拉着他的手臂，慢慢往上提，让他的身体由蹲到站、由站到蹲，增加宝宝站立的成就感和环境经验。

9~12个月宝宝的精细动作

宝宝会将物品在双手中互换，可以自己将食物往嘴里塞，也能够模仿大人拍手了；建议准备婴儿吃的米饼、专用水杯，让宝宝有更多机会可以练习手部动作。在这个阶段触觉经验比较丰富的宝宝，能够分辨食物和玩具的触感和味道不同，就算是拿到不能吃的东西时，也很少会放进嘴里咬了。

与9~12个月宝宝建立关系、表达情感

此阶段的宝宝开始会挥手再见，会模仿父母说话声音，甚至可以慢慢发出类似“爸”“妈”的音，但宝宝还不了解其意义。

捉住幸运球

【游戏重点】

1. 准备5个彩色塑料球。
2. 让宝宝坐在地板上，妈妈在距离宝宝1米处面对面坐下来。
3. 妈妈将小球慢慢地推向宝宝，让宝宝能伸出手来捉住球。
4. 由妈妈将小球扔在地上弹跳给宝宝，让宝宝想办法移动身子去捡球。

【游戏观察】

1. 宝宝坐着时，身体是否会摇晃？

   A. 可以坐稳。

   B. 会坐，但不稳。

   C. 完全不行。

2. 将球扔给宝宝时，宝宝会不会伸手去拿？

   A. 会。

   B. 摸一下就没兴趣。

   C. 完全不会。

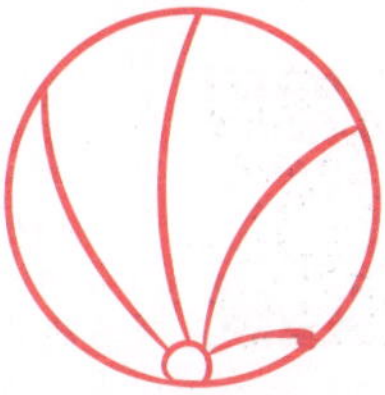

撕撕乐

【游戏重点】

1. 让宝宝坐在妈妈的对面，便于宝宝观察妈妈的动作。
2. 给宝宝一张餐巾纸。
3. 妈妈引导宝宝将纸张撕成长条状，再耐心撕成一张一张的小纸片。

【游戏观察】

1. 12个月的宝宝会不会撕纸？

   A. 可以。

   B. 想撕，但无法完成。

   C. 完全不会。

2. 宝宝在活动时能不能耐心依照妈妈的动作模仿？

   A. 可以。

   B. 需要动作示范并仔细说明才会开始动手。

   C. 完全不会操作。

在与宝宝玩亲子游戏时，遇到什么问题吗？扫码进入线上提问页面，薛文英老师将为您答疑解惑

咦？声音哪里来

【游戏重点】

1. 准备几个可以发出声音的玩具。
2. 妈妈和宝宝一起玩这些玩具，试着让宝宝记住玩具的名字，例如：这是“鸭子”“铃鼓”“电话”等。
3. 妈妈带着玩具躲在沙发椅后面，在宝宝看不到的地方让玩具发出声音，让宝宝移动身体去寻找声音来源。
4. 在宝宝发现后，跟宝宝说：“宝宝听到声音了，看看这是什么呢？”
5. 可再度加强声音和物品名称的记忆，跟宝宝说：“你看，这是铃铛，这是铃鼓的声音。”

【游戏观察】

1. 游戏过程中宝宝是否会转头寻找发声来源？

   A. 会。

   B. 需要重复几次才有反应。

   C. 完全不会。

2. 宝宝会爬向发出声音的地方吗？

   A. 会。

   B. 会，但找不到方向。

   C. 完全不会。

育儿笔记

第三章

勇敢跨步的实验家

——1～2岁宝宝的能力发展与教养指南

婴幼儿时期在和谐家庭成长的宝宝，

若父母采取开明的教养态度来教育孩子，

这些孩子在长大后会拥有更加稳定的人际关系，

而且学习能力和适应能力也比较好。

扫码收听薛文英老师解读1～2岁宝宝的发展特点

> > >

01 宝宝需要的到底是什么

在每个家庭中，宝宝理所当然成为众人呵护的无价珍宝。所有人对小宝宝的一举一动都以放大镜的眼光来看待，深恐没能给宝宝最好的照顾，所以举凡宝宝每天睡多久、吃多少、吃什么，都可能成为左右大人心情的因素。

在过往的经验中，我发现，家人为了宝宝的照顾和教养问题产生不少家庭矛盾。宝宝的出生，让家庭燃起了未来的希望，但家庭成员之间若没有好好沟通，也容易为一点点意见不同而擦出火花。平心而论，每个家庭都有习惯的生活方式，照顾宝宝也会有不同的方法和观点。在现今这个种族大融合的时代，异国恋爱和异地恋爱所组成的家庭逐渐增多，家庭成员的育儿观念有分歧就很正常了。

然而，所有研究都提出证据说明，婴幼儿时期在和谐家庭成长的宝宝，若父母采取开明的教养态度来教育孩子，这些孩子在长大后会拥有更加稳定的人际关系，而且学习能力和适应能力也比较好。因此，爸爸妈妈有必要放下原生家庭[1]留下的既定印象，减少一点儿坚持和争论，理性开放地来思考孩子真正需要的照顾是什么。

温馨提示

宝宝成长所需要的养分不单靠食物就足够，例如，在阳光充足的情况下，人体自身可以合成维生素D，经常带宝宝到户外散步对他骨骼发育很有益处。对大脑来说，不同的感觉刺激经验也很重要，这种无形的养分需要通过游戏得来，不是吃什么食物就能得到的。

为什么1～2岁宝宝总是喜欢翻箱倒柜制造混乱

从宝宝能够放开妈妈的手、独自踏出第一步开始，宝宝眼中看到的世界就更广阔、更新奇了。任何一件大人习以为常的东西，都是宝宝想要研究的对象。宝宝开始翻箱倒柜把各种东西拿来咬、用力敲打、不断打开又关起来，小人儿精力旺盛，除了吃饭和睡觉之外整天忙个不停。若了解宝宝的发展过程，我们便能安心地看待这一切，再通过轻松好玩的游戏互动，帮助宝宝构建聪明的大脑。

我们一直希望爸爸妈妈能通过简单的游戏来增进亲子间的亲密关系，因为通过肢体的接触，让宝宝看到表情和说话的声音，

[1]指父母的家庭，儿子或女儿并没有组成新的家族，这样的家庭泛指原生家庭。

实实在在地与人互动，这才是最符合宝宝大脑神经生理发展需要的感觉经验刺激。当孩子的大脑积累足够的经验，才能做出正确的判断，发展出良好的应变能力。

“妈妈哪有像你这么好当的，怎么能只坐在旁边看，顺便帮一下忙不是更省时吗？”这句话是好多妈妈的心声。通常大人看到宝宝一直在重复简单的动作，就会忍不住出手帮忙，他们总希望能教宝宝做好。

事实上，宝宝确实需要经过反复练习来让身体动作的协调性更好，宝宝之所以不会做或做不好，通常是因为缺乏练习的机会，照顾者并不知道什么时候该放手让宝宝自己来。无论像走、跑、跳这样的身体大动作发展还是精细动作，都必须每天练习才会熟能生巧。

让我们以轻松的心情，放一段音乐，然后静静欣赏宝宝在每次成功后展现出来的喜悦表情，当宝宝做好时给他热情地拍手鼓励；如果宝宝因做不好而生气时，就给他一个肯定的微笑，用坚定的眼神鼓励宝宝再试一次。

温馨提示

1～2岁的宝宝重复的敲打或丢和捡的动作，是成长过程中必要的动作协调练习，大人过多地协助或禁止，都会使他们的练习机会大大减少。

02 1～2岁宝宝的动作发展

都会走路了，还要在地上爬来爬去吗

大部分的宝宝在学会爬行后，再过一两个月便能用手扶住某一物体支撑着身体站立起来。无论宝宝是否已经学会走路，双手和双腿四肢并用的“爬行运动”对宝宝来说都很重要。很可惜很多人不知道其中的奥秘，从而经常会忽略爬行的好处，并对孩子很早就会走路引以为傲。

“地上不干净，将宝宝放在学步车内，宝宝想到哪里去只要小脚一勾就滑过去，你看不是方便多了吗？”给宝宝设计一把装有轮子可以滑动的座椅，真是个好点子。

想一想在以前当大人有忙不完的家务又必须照顾宝宝时，便将宝宝背在背上到处走，如今有了这些新发明的辅助工具的确让妈妈减轻了很多压力。

现代人脑子动得快，确实发明了很多新产品，可是这类方便大人的东西，最好在必要时才使用，不要太早就让宝宝依赖被动式的活动。

许多妈妈都会问：“和宝宝玩什么才好呢？”真正有助于宝宝动作发展的活动，是宝宝自发性启动的活动，因为来自宝宝感觉需要，他会想办法支配自己的肌肉运动，这样才能达到感觉统合刺激的目的。

03 一定要上早期教育课程吗

“老师您看，我家宝宝是不是有多动症呀？每次见到别人家的宝宝能配合妈妈一起上课，我儿子就是不肯配合，真是叫人沮丧。”

这些年婴幼儿早期教育受到普遍的重视，不少妈妈也希望给宝宝最好的教育资源，在各大城市开始出现许多婴幼儿早期教育机构，第一次当妈妈总是爱子心切，看到别人家孩子去上课自己也跟着紧张起来，心中挂念着：“宝宝不去上课万一跟不上别人怎么办？”

我不认为没有上过早教课程的宝宝，将来就会跟不上，事实上，两者没有绝对的关联性。我向来也不赞同随便引用片断的专业知识来造成妈妈们的恐慌；一个负责任的教育工作者要设法为妈妈们指出明确的方向，而不是给妈妈们增加困扰。

对0～3岁的宝宝而言，最重要的是有个安全的游戏空间，在这个环境中若能有经验丰富的专业老师指引，或许可以避免因为不懂亲子间互动方法而产生挫折感。不同的家庭有不一样的环境，教养这件事本来就是很有弹性的。能够接受专业老师指导当然很好，但是宝宝获得经验的学习管道并不只有一种，相对于其他学习方式来说，每天的生活学习其实是最重要的，所以家是宝宝第一个教室，父母和家人是宝宝最好的启蒙老师。

我们确实投入了10多年的时间，专门研究亲子游戏要如何进行才会更好。回想当年，我们是为了解决一般家庭中活动空间不足、爸妈不懂得如何与宝宝互动等问题而投入这项工作的。前些年我们并不知道可以得到什么样的反馈。这两年走在路上，偶被曾经认识的妈妈和身旁的青少年叫住，告诉我多年以前那段经验给孩子和家庭带来的改变有多好，这就是我们最大的成就感。

“参加任何课程都是为了帮助妈妈和宝宝更好，绝不是为了跟别人做比较才来上课。”我们会请妈妈先冷静想一想：为什么想带宝宝一起去上课？宝宝在上课时的配合度好不好？知道老师和陪同上课的大人要如何来调整改善吗？你们期待经过多久可以改变现状？这些都是值得深思的问题。

1～2岁宝宝玩什么最重要

从1岁开始宝宝的活动量变大是好事情，当宝宝愿意站着玩，我们就先别叫他坐下玩；当宝宝想要自己走，就请不要非得坚持把他抱起来。

走不稳的宝宝有可能是平衡感不够或肌肉张力不足，肌耐力和肌肉张力都需要锻炼，所以走不稳就要鼓励宝宝多走，宝宝很喜欢在斜坡上来来回回地快走，或拉着重物走路，这些行为都是宝宝在寻求感觉运动的刺激。

这种时刻，照顾者做好安全保护就够了，若想带宝宝到户外散步，请给宝宝准备包覆度较好的鞋子，避免穿凉鞋或拖鞋运动。请记得随身准备护理包，因为刚学走路的宝宝常会跌倒或撞伤额头，鼓励宝宝自己站起来。同时爸爸妈妈要观察宝宝肢体动作的稳定性，检查碰撞的部位是否需要擦药，清洁后若没有外伤可稍微冰敷处理再继续活动。

宝宝因好动而跌倒怎么办

宝宝跌倒或撞上桌椅是常发生的事，无论我们多么心疼，都要深呼吸，努力冷静下来而不慌乱。由于情绪表现具有感染力，所以我们看到别人哭也会忍不住想哭，小宝宝很可能因为疼痛感而哭，但他们哭的程度和时间也很容易被转移。

大人可以表现出同理他的感受，安抚后就转移他的注意力。当宝宝看到爸爸妈妈微笑的表情，宝宝的安全感就自动提升了。

我们可以在事后想想有什么原因会让宝宝一再跌倒，是不是宝宝游戏和活动的环境空间的安全性必须调整改良？若是宝宝常因为身体平衡感不佳而跌倒，则要找时间增加练习的次数，这样才能让宝宝的身体协调性变好。

如果经常在宝宝面前强调受伤的事情，或者追究“为什么这么不小心而受伤”，在宝宝的心理上，可能留下错误的印象或负面消极的情绪记忆。而且当宝宝的大脑一再无法满足想摸、想听、想看、想动一动的感觉刺激，便可能衍生许多大人看起来是调皮捣蛋的不合作表现。

Amy能记得奶奶教的事

快要过2岁生日的Amy拒绝像其他小朋友一样让老师牵着双手跳进海洋球池玩。从这小女孩的眼神和表情看得出来，她也觉得前面的小朋友跳进球池的动作很有趣，可是嘴里一直说：“Amy不可以跳。”“小朋友不可以站太高。”

很明显，Amy一直在压抑自己的本意。

我刻意先让她看3位小朋友安全地在球池中玩，接着问：“为什么小朋友不可以站太高呢？老师站在下面保护会很安全的，对不对？”完成动作的小朋友都点头，大家再次邀请Amy也进来玩。

Amy走近一点儿，身体倚靠着球池四周的软垫，摇着头说：“Amy不可以站太高，奶奶说从高处跳下来骨头会断掉。”我终于明白Amy拒绝配合游戏的原因了：想必这个未满2岁的宝宝经常被禁止活动。

从Amy进来后一连串的动作反应来看，这是一个语言表达力很好而且精力旺盛型的女孩，并让人很快猜到大约是奶奶常常吓唬她，希望她能够文静端庄。确实有些人会认为男孩才会好动，而女生就要有女生的样子，所以会善意地恐吓孩子，希望孩子有所警惕，并按他们的要求来做。

我对Amy说："Amy真是好孩子，你都能记住奶奶教过的事情，老师找时间打电话告诉奶奶说Amy最听话、守规矩好不好？"看着Amy露出满意的微笑，我接着说："你看这儿球很多，所以，从旁边跳进来不会很高，老师和小朋友都在里面玩，这儿很安全的。要不要试一下？Amy爬上来站好，然后老师牵着你的手跳下来。"Amy听了很快地自己爬上来，身手敏捷地一跃而下。Amy能接受比同龄小朋友更刺激的运动，具有这种生理特质，若配合适当的引导，长大后也会是一个运动型的阳光女孩，而非弱不禁风的女子。

客观地说，Amy并不是怕高而拒绝配合活动，而是因为长期被大人限制活动，才会牢牢记住从高处跳下来就会发生危险的警告。她的语言理解能力发展比较好，而且很希望被别人认为是个乖小孩，所以才会刻意压抑自己想玩的冲动，一直不断地大声告诉自己"Amy不可以"。

1~2岁的孩子普遍需要大量的动态游戏，照顾者要多多鼓励宝宝展现潜能，让宝宝建立自信心，适当的运动有助于心肺呼吸的调节。一个从小养成运动习惯的人，站姿和走姿也都会比较好，维持身体姿势的肌肉力量也会更好。

我们和Amy家人沟通了这个问题，家人决定不再继续限制Amy的行动，不仅如此，还每天在家进行10分钟以上的前庭和身体协调性游戏。大约经过半年后，Amy的妈妈跟老师提到女儿进步很多，现在奶奶很喜欢带她去串门儿，因为这孩子能动能静，无论走到哪儿都受人欢迎，小小年纪还懂得邀请刚认识的新朋友一起玩呢！

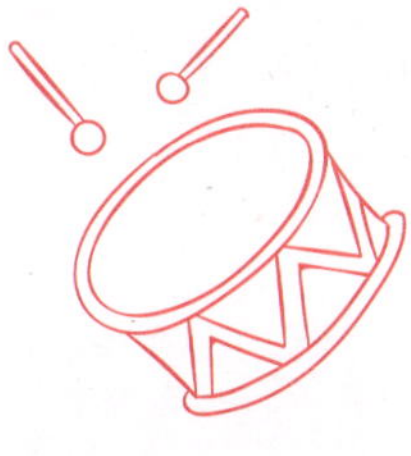

04 1～2岁宝宝的情绪发展

开始说“不要”了

“最近宝宝爱说‘不要’，拒绝大人喂食，什么都要自己来，但又做不好，真叫人伤脑筋呀！”

从儿童发展的角度来看，宝宝1岁以后开始发展自我意识，原本应该是值得高兴的进步，许多大人却从此陷入矛盾的情绪当中。

爷爷奶奶所担心的问题很相似：“小宝宝会做不好，食物弄得乱七八糟好难收拾。”“宝宝自己吃太慢，饭菜凉了就不好吃了。”“吃饭老是到处跑，让小孩子拿着汤匙，万一跌倒多危险呀！”

自我意识[1]（self-awareness），也叫自我认知（self-

---

[1]美国著名精神病医师埃里克森（E.H.Erikson）认为，人的自我意识发展持续一生，并将自我意识的形成和发展过程划分为8个阶段，这8个阶段的顺序是由遗传决定的，每一阶段能否顺利度过却是由环境决定的，所以这个理论可称为心理社会阶段理论。

cognition），是一种复杂心理现象，它由自我认识、自我体验和自我控制3种心理成分构成。拿小宝宝来说，从开始学习走路起，宝宝需要经过无数次动作练习，才能控制双脚独立走路，也需要不断地通过触觉和肌肉、关节的联合运动来做出手指抓、握、拿、捏等动作。为了宝宝好，大人得学会有耐心，容许宝宝在学习的过程中出现一点点失误。如此一来，大脑才能一次又一次地修正自己的判断和行为。

成人只有意识到自己是谁，应该做什么的时候，才会自觉自律地去行动。可是对于不满3岁的宝宝而言，凡事都是新鲜的，他们刚开始要学习分辨“我”和“你”，这就是自我意识概念形成的开端，也是大脑心智能力开启的重要阶段。

我认识一些资深的幼儿园老师和小学老师，私下向他们请教不同的时代和文化背景下，教学时有什么不一样的心得呢？大家都感叹：“和10多年前相比，感觉这几年所教的小朋友依赖性比较强，而且遇到事情就等待大人帮忙，根本不动脑子想。”

这是一个值得所有爸爸妈妈正视的问题，因为老师所看到的是普遍性的学习动机弱化现象。然而，“动机不足”时，没有诱因或奖励就不知道自己下一步要什么，只会被动等待大人协助的习惯，其实并非孩子到了学校之后才养成的。如果我们追根溯源来思考，内在动机是从婴幼儿时期就开始发展的，0～3岁时家人如何对待宝宝，便可能成为宝宝日后做人处事的行为模式。

当宝宝第一次想自己做时，您是否鼓励他勇于尝试呢？或者，您会忍不住一再跟宝宝说：“宝贝，你还小不懂，妈妈帮你做就可以……”请别再责怪孩子不主动，被动的孩子只是太早习惯不可以乱动，他们只是太听大人的话而已。

“宝宝才1岁6个月，真受不了这样小小年纪就很好强，只要玩具玩不好就生气乱扔，这要怎么改呢？”“不听，怎么教都不会……是不是像他爸爸一样脾气不好呀？还有救吗？”

现在的宝宝接受语言刺激的机会比较多，在日常生活中也容易获得视觉和听觉的刺激经验，1岁以后的宝宝看到大人做什么就会想模仿，普遍来讲都让照顾者觉得这一代的小孩真聪明。“望子成龙”心切的妈妈见到宝宝模仿大人的动作，常忍不住想开始教点儿什么，不知不觉就给自己和宝宝开始定下了学习的目标，只是妈妈预期的结果多半是以大人的思考模式来规划，大人习惯的做事方法与宝宝的学习模式有很大不同，于是许多亲子冲突就爆发了。

请记住，小宝宝的大脑发育还不够成熟，记忆能力才刚刚启动，感觉神经反射动作还没有完全消失，因此才会造成宝宝无法克制当下冲动的行为。最常见的例子就是抽纸，几乎每个小宝宝都喜欢将抽取式卫生纸一张一张地抽出来，轻轻一拉就变大的动作给宝宝的触觉和视觉刺激实在太好玩；只要放在桌上没收好，小宝宝就能玩得全然忘我，妈妈觉得宝宝太安静而走近时，宝宝才突然发现自己正在做妈妈禁止的事情，妈妈还没开口责骂，他自己就先大声哭了。

有些妈妈生怕自己没有尽到教育子女的责任，带孩子时总会提前想很多，希望可以在孩子犯错之前先教他，以减少孩子犯错的次数。对语言理解能力还不成熟的宝宝而言，尽管妈妈耐心一再讲解，其实说话的内容当中很多词语是小孩子听不懂的；妈妈采用动作示范的效果肯定会比用嘴讲更有效。

如果能够让宝宝体验，通过真实的感觉在大脑留下记忆就更好了。小宝宝的大脑需要不断有多种变化的刺激才能产生突触的联结，在感觉通路还未稳固形成之前，我们无法期待宝宝可以很快记住爸妈交代过的事情而不再犯错。

温馨提示

宝宝必须从不断的错误中学习。请不要担心宝宝做不好或做错了，他们有很长的时间可以一次又一次的动手操作，通过玩而使得动作发展更熟练。

观察模仿我最棒

“小孩也真是怪了，为什么好的不学，坏习惯都不用教，自己就学会了。”每当妈妈们忍不住发牢骚时，我就想：这一点儿也不奇怪，因为宝宝身上有着爸爸和妈妈的基因遗传，子女跟父母的脸形、外貌长得很像那是必然，行为和动作相似也很合理。至于宝宝现在的情绪状态如何，那所有的家人和照顾者可都是脱不了干系呢！简单地说，如果我们希望宝宝成为什么样的人，就要自己先做这样的人，因为身教比言教影响更大。

宝宝有很好的观察模仿能力，所以和照顾者一起生活久了，自然在举手投足当中就会有些相似，或许家人不容易发现，但陌生人很快可以从他们说话的语气和习惯用语中发现其中的雷同和默契。大人所说的坏习惯多半是比较明显的不寻常举动，而特别的动作或声音最容易吸引宝宝的注意，所以我们常能见到小宝宝会模仿大人咳嗽、学大人做出抽香烟的动作、学大人看书的样子而拿起上下颠倒的杂志或书报有模有样地翻阅……大部分小宝宝的模仿行为只是回忆脑海中曾经看过的画面和动作，他们还不具备判断能力，无法知道什么可以学，什么不可以学。所以当家中有了新生的小宝宝，每个人都可能成为宝宝学习和模仿的对象。

大人在宝宝身上所见到的小缺点，极有可能在自己的身上也有，只不过是平常自己看不见。不讳言，我也曾是个性情比较急躁的年轻妈妈，身为职业女性，可能在生活中多多少少会忍不住催促小孩动作快一点儿，所以显得焦躁，也容易生闷气。

儿子小豆才1岁多的时候，我就观察到这小孩有很好的模仿能力。例如，当小豆一个人玩的时候，他会把填充小熊和电动玩具狗放在沙发椅上，然后拿着塑料制的奶粉汤匙和奶瓶的盖子，假装在喂宝宝吃东西，口中还念念有词就像在和玩偶讲话一样。我家两个儿子讲话时间都有点儿晚，但是整体看起来脑子动得快，这也让我心中暗自开心。自从小儿子出生后，每晚睡前仔细观察宝宝的游戏过程，就变成印证书上理论的最佳时机。

有天晚上，大儿子惊喜地喊："妈妈，快来看，弟弟太好笑了，他能听懂我的话变脸，完全不会弄错哟！"哥哥牵着笑眯眯的小豆走到我面前。哥哥对着弟弟说："表演笑笑脸给妈妈看。"小豆立刻微笑地看着妈妈。当哥哥说："哭哭脸。"小豆很快把眉头挤在一起，并举起手做出擦眼泪的样子……哥哥不按规则地变化着指令："哭哭脸""笑笑脸""开心""伤心"，弟弟果然能够正确地变换表情，一次也没有弄错。

想不到平时妈妈和弟弟一起看图画书，常常教弟弟指出书中人物的情绪表情，这一游戏方式被小学三年级的大儿子给发扬光大了。兄弟两人年纪相差足足有7岁，竟然还能够和谐地玩起"听指令换表情"的游戏，两人一唱一和的模样实在很有趣。

"妈妈的生气脸！"

我转头送给哥哥一记白眼，忍不住抗议："哥哥别乱讲，这么奇怪的指令太难了吧？"

哥哥却哈哈大笑，因为当小豆听到"生气脸"，不到两秒钟就立刻嘟起小嘴、眉头紧缩，表情严肃地瞪着妈妈，然后一动也不动。

“妈妈生气的时候有这么难看吗？”

“哈哈，这是弟弟自己会的，我是好心训练他的反应，并不是乱教哟！”

小宝宝学生气的模样实在太可爱了，为此我还特别找了照相机，再请弟弟表演一次让我拍下来。

如今这张“妈妈生气脸”的照片还随时提醒着我，即使再累也要调整自己的情绪，要记得经常保持微笑。或许大人平时有很多的事要忙，可是千万不能把负面情绪发泄在还不会完整表达的孩子身上，宝宝能懂的可比我们想象的更多呢！

温馨提示

- 情绪的理解能力和表达能力是宝宝出生之后才逐渐发展成熟的，大人的说话和表达方式会对婴幼儿产生长久的影响。
- 我们要经常微笑地看着身旁的宝宝，即使是第一次见面，小宝宝也会不自觉地出现相似的表情。

05 1～2岁宝宝的语言发展

别小看跟宝宝说话这件事

“1～2岁的宝宝连话都不会说，能懂什么呢？爸爸妈妈成天对着小宝宝说话，真有必要吗？”

在儿童发展过程中，宝宝在1岁半之前正是所谓的“前语言期”。宝宝在“前语言期”虽然还不会讲话，但从出生后，每一天都在为学习语言而做准备，所以，爸爸妈妈经常和宝宝说话是正确的，而且很有必要。千万别小看常常跟宝宝说话这件小事，因为专家们研究过“前语言期”文化刺激太少的儿童，在小学阶段的语文学习能力有跟不上同龄儿童的现象。

宝宝开口说话的时间有早有晚，说话早的和说话晚的甚至可能相差半年，通常女孩的语言发展比较快，男孩普遍会晚一些，在女宝宝已经可以跟爸爸妈妈说话、撒娇的时候，不少男宝宝还只会叫“爸爸”或“妈妈”呢！

自1岁起宝宝最大的变化就是会走路、会说话，这些改变让我们在照顾宝宝时增加了许多趣味和惊喜，同时也有需要注意的细节，比如宝宝吃多少、长得好不好。

不少人会陷入“反正多吃总比少吃好”的误区，所以听到妈妈们热烈讨论起“给孩子吃什么好，听说人家平常都是吃这个的……”旁观的我总会感到有些担心，如果没有经过专业医师或营养师的评估，私自给宝宝额外补充过量的化学人工保健食品，将会造成宝宝体内不必要的负担，隐藏的副作用实在难以估计。在营养均衡的正常状态下，健康的宝宝可以从天然食物中获得足够的营养成分。

我常跟妈妈们分享，若想宝宝更聪明，其实关键不在于吃了什么，而在于脑子里头装进了什么，装进之后还能够适当运用出来，这样才能算是有智慧。每个宝宝的学习步调也是生来就不一样的，有些宝宝一两次就学会，有些宝宝则需要重复练习很多次，教导宝宝必须更有耐心，但是大致上按照宝宝语言发展的过程来引导，就会比较轻松。

宝宝到底是如何学说话的

“宝宝是如何学会说话的？宝宝可以同时学多种语言吗？”

我们都知道学习外语要掌握听、说、读、写这4部分；小宝宝学习语言的过程也大致相似，当宝宝发展出敏锐的听觉后，就开始能听懂。少数孩子天生就有语言天分，对语言的领悟力很强，同时和不同的家人讲不同的语言，但我要强调这种孩子毕竟是少数。为了不将各种语言混淆，首先让孩子能听懂母语就够了，当宝宝学会用语言和别人沟通，情绪会比较稳定，否则大人猜不中宝宝想要什么，就会误认为孩子总爱无理取闹。

在过去10年里，我看到一个社会现象：孩子的口语表达力其实并不如父母期望的那么好，因为孩子和大人讲话时经常会有答非所问的情况，而且很多小学生不会自己造句。虽然妈妈说自己的宝宝才五六岁便能记得数百个英文单词，可是我发现这些妈妈和孩子讲话只会问："What is it?"当宝宝正确说出这是什么就很开心，接着再考下一个名词……

当我好奇地问："这个东西可以做什么？""它是谁的东西？""能告诉我它有什么用处吗？"小学低年级的小朋友也很难用完整的一句话来讲清楚。鉴于这些情况，我也在不断地呼吁爸爸妈妈要多和孩子聊天。因为宝宝在1~2岁的学习阶段能记住很多单字，当我们发现小宝宝能记住名词和形容词之后，下一个阶段就是引导宝宝说出完整的句子，然后就需要制造机会让宝宝和大人进行一对一的沟通对话。

温馨提示

我们无须和1岁宝宝讲长篇道理，因为这时宝宝还无法克制冲动的反射性行为，爸爸妈妈只需用动作一次又一次耐心地示范如何做就好，这样才不会陷入“总是教不会”的挫折感当中。

1～2岁宝宝能学会什么

“这是你的杯子，妈妈用杯子装水给你，坐下来喝，用两手拿稳才不会打翻了。”我建议爸爸妈妈在给宝宝喝水时，可以讲一连串的话，而且要每天讲，每喝一次水就说一次。慢慢地，小宝宝就能认识什么是杯子，杯子是用来装水的，喝水要坐在固定的座椅上。

宝宝接过大人的东西要先说“谢谢”，就算还不会说话也要能够点头示意，这需要一次又一次地练习。爸爸妈妈在生活中要把宝宝当成大孩子来交流。大人要用正确的方式与宝宝说话，让宝宝有正确学习和仿效的依据。请不要学宝宝讲可爱的“儿语”，例如：“宝贝过来喝水水。”“不吃饭饭等会儿妈妈要打打！”难道大人也跟着宝宝假性退化了吗？其实宝宝能够分辨声音，只不过因为发声的器官还无法控制好，所以刚开始学习语言时只能发出单音或叠音。并不是每个宝宝都会有一段讲叠字的过程，有些宝宝听得多，先用单字配合动作来沟通，很短的时间后就可以讲出完整的句子了。

说话是通过日积月累慢慢学来的，指导孩子学说话，爸爸妈妈就是最好的老师。语言指导可以由下面这些类别开始练习：

具象的词：妈妈、爸爸、阿姨、婆婆、奶奶、我……（家人的称谓），牛奶、碗、杯子、鞋子、衣服……（生活用品），娃娃、球、车子……（常见的玩具、交通工具）。

抽象的词：大、小、冷、热、烫、快、慢……（形容词），谢谢、好、不要、对不起……（情绪表达），站起来、坐下、躺下、蹲、跳、打开、过来、丢、推……（动词）。

宝宝先学会很多具象的词，从认识生活中最常见的人、事、物开始，知道每种物品都有名称，并学会说出它们的名称，接下来必须加上自己身体体验过的感觉，才能够理解那些抽象的词的意思。宝宝也因为能够理解语意，才可以整合所有的语言词汇，在大脑中形成认知能力。认知包括了“认识”和“知道”两个层次，当宝宝学会开口说话时，我们就要陪伴他一起进入“语言爆发期”，展开更多彩多姿的生活游戏了。

育儿笔记

第四章

1～2岁宝宝的亲子游戏

在宝宝会走路以后，我们试着将游戏时的距离拉开，或许家中的空间不如教室宽敞，但只要在游戏前稍稍调整家具摆放的位置，腾出一定的空间，大概能保证起点和终点相距2米，这样就足够宝宝活动了。

01 1～2岁宝宝的变化

吹熄生日蛋糕上的蜡烛，宝宝就满周岁了。当宝宝学会走路以后，视线所接触到的高度和广度将会大大提升，宝宝也开始会对周遭的人、环境和声音增加高度探索的欲望。这时候的宝宝因开始站立使得双手空出来，从而大大提高摸索操作的兴致。

1～2岁宝宝的大动作

一般而言，宝宝的大动作发展大概可分为原始反射支配、步行前、步行、粗略运动、调控运动5个时期，而1～2岁这一阶段动作发展的顺序大约是站、步行、攀登、跑、跳跃、翻滚、单脚站立等。因此宝宝会走路以后，自信心大增，喜欢到处走，很快就会由快走变成跑步，虽然依旧喜爱父母的拥抱，但享受够了就会从大人怀中挣脱下来。在四处探索时，他走走斜坡，爬爬桌子、椅子，骑骑摇摇马，玩得不亦乐乎。

1～2岁宝宝的精细动作

1～2岁的宝宝仍在口欲期，可以用大拇指和食指拿取葡萄干，但是与婴儿不同的是，这阶段的宝宝手指指腹的触觉辨识开始有更敏感的神经反应，对口腔的触觉依赖将明显降低，所以宝宝已经可以用手去触摸、用眼睛去观察，把东西放嘴里咬的次数就能减少很多。

1～2岁宝宝的语言

1～2岁的宝宝开始会有意识地叫爸爸或妈妈，也开始会使用除了“爸”“妈”以外的几个单字，会做一些手势，会和大人玩，且不会再只以哭的方式表达需要；宝宝的听觉敏锐，会从大人的动作了解词汇的含义，而丰富的词汇能启发孩子听知觉应对能力。至于音乐的旋律及节奏，能触动孩子的心弦，他会自发地拍手、摇摆身体。

宝宝的游戏学习是随时进行的，爸爸妈妈可以利用家中或小区的环境，只需添加一些假设性的情节，通过故事引导加入丰富的词汇，不但可以刺激和满足宝宝爱跑爱动的肢体活动需求，而且可以配合儿童心理发展的需要，引导孩子感受到游戏的乐趣，赋予宝宝高度的学习乐趣与动机。

02 1～2岁宝宝的亲子游戏

1～2岁家庭亲子游戏活动规划

为了吸引宝宝的注意，建议爸爸妈妈在游戏时加入不同的活动主题，在主题的范围内以说故事的方式做一点儿情境的引导，宝宝不仅能获得运动的机会，也能慢慢积累生活的常识。这样可以帮助爸爸妈妈在家也可以培养出聪明活泼、反应灵巧的孩子。

在本章，针对1～2岁的宝宝，亲子游戏将会以“农场主人”“水的世界”“交通工具”和“生活百货”4个主题做情境设计，随着年龄增长，宝宝的认知理解能力进步，爸爸妈妈和宝宝的互动话题就可以由浅入深地提高变化。

温馨提示 陪宝宝玩亲子游戏的诀窍：第一，不要把游戏当成一种严肃的教育。第二，爸爸妈妈也要乐在其中。第三，游戏中要不断以简洁易懂的词汇和宝宝说话，切记不可讲得过快或激动地催促叫喊。

1～2岁宝宝的动作发展水平和语言发展水平

在此阶段，宝宝的动作和语言能力在快速发展，但宝宝之间也有很大的差异性，爸爸妈妈不要将自己家的宝宝与别人家的宝宝反复比较，徒增焦虑和担忧。可以参考下表对宝宝做个简单的评估。

表3　1～2岁宝宝的动作发展水平和语言发展水平

动作发展	语言理解／口语表达
会爬斜坡。	会说拟声词（汪汪、咕咕），说叠字，如狗狗。
会推物移动（1岁半）。	双字句期（1岁半～2岁），如：妈妈，抱!
双手拿物前行。	1岁半前词汇量达50个，能听懂指令并回答。如听完命令会说：“好。”
步行时能避开障碍物。	知道东西都有名字。
会上楼梯。	易把动物叫声当作动物名称，如“汪”表示狗。
会倒退走（1岁8个月）。	对“给我”的指令做出反应。
会扔球、敲打。	能遵从“拿”“起立”“坐下”的指令。
能双手端碗喝水不打翻。	能指出身体中的4个部分。
会练习用汤匙。	辨别两种物品。

1~2岁亲子游戏的认知学习

在与此阶段的宝宝做亲子游戏时，我们将从“农场主人”“水的世界”“交通工具”和“生活百货”4个主题来展开，详见下表：

表4　1~2岁亲子游戏的认知学习

主题	词汇种类
农场主人。	陆上动物、植物、工具。
水的世界。	水中生物、自然现象。
交通工具。	交通工具、建筑物、地名。
生活百货。	食、衣、生活用品。

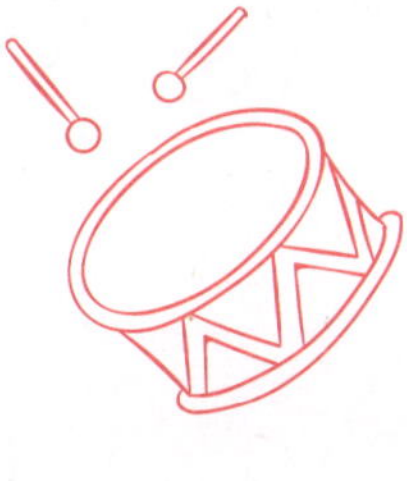

农场主人

适合年龄： 14个月
游戏目的： 认识农场
感觉目标： 触觉活动
语言理解： 会说拟声词，如汪汪、啾啾、呱呱、咕咕
发展动作： 会爬斜坡
会上楼梯

【活动准备】

1. 在起点，用彩色胶带在地上贴出一个框，当成小狗的家。
2. 用大型的空纸箱做成小山洞，小狗每天回家一定要经过这个小山洞。
3. 在终点放置5～8块小积木或空罐子当成主人送的肉骨头。

【情境引导】

农场主人养了一条很认真又爱干净的小狗。今天，主人帮小狗准备了好多肉骨头，小狗想要将食物统统搬回家。来吧！可爱的小狗要把食物搬回家了。

【活动重点】

1. 在起点摆好一块积木让宝宝做观察模仿的样品。
2. 爸妈引导宝宝爬过纸箱“山洞”到终点，拿一块积木后再钻过“山洞”，回到起点。
3. 到达起点后，要将积木摆放在指定的范围内。

【游戏观察】

1. 宝宝看到纸箱围成的空间会不会害怕?

   A. 不会怕。

   B. 会先观望，但可被引导。

   C. 排斥拒绝。

2. 摆放积木时手指的操作能力如何?

   A. 摆放积木的动作精准。

   B. 只能完成3块。

   C. 完全不会。

我是农场主人

适合年龄： 14个月

游戏目的： 认识农场

感觉目标： 触觉活动

语言理解： 对"给我"的指令能做出正确的反应

发展动作： 步行时能避开障碍物
会使用汤匙

【活动准备】

1. 由爸妈帮宝宝设置起点至终点的障碍物，可用3～5个抱枕或饼干盒当成路障。
2. 在终点放一篮4色的小球，让宝宝等一下可以按颜色分类放到桶子里。
3. 帮宝宝准备一个大汤匙。
4. 请爸妈在起点设置4个不同颜色的小桶子，分别与4色小球相对应。

【情境引导】

农场里的小动物肚子饿了，我们帮它们送食物过去吧。宝宝请记住，不同的动物要吃不同的食物，所以农场小主人要把食物分开来放哦。

例如，小猴子要吃黄色香蕉，小兔子要吃橙色的胡萝卜，长颈鹿要吃绿色树叶，大象要吃蓝色果实。我们快出发去准备食物吧。

【活动重点】

1. 请宝宝拿汤匙放一个小球，由终点走回起点，绕过障碍物把“食物”分类放进桶子当中。要记得红色球放红色小桶、蓝色球放蓝色小桶……
2. 在宝宝能正确地将颜色分类之后，下一次游戏时可以增加记忆的难度。

【游戏观察】

1. 能否正确辨识颜色？

   A. 可以区分。

   B. 稍微会区分。

   C. 完全没概念。

2. 能否用汤匙？

   A. 能自己舀起。

   B. 想舀，但须另一只手帮忙。

   C. 完全不会。

我是……

适合年龄： 14个月
游戏目的： 认识农场
感觉目标： 触觉活动
语言理解： 对“给我”的指令做出反应
发展动作： 能指出身体的其中4个部分

【活动准备】

1. 在起点放一篮小彩球。
2. 在起点和终点中间放置一张人造草皮（或一个大纸箱并摊平）。
3. 请爸妈在终点放2个不同颜色的呼啦圈或小桶。
4. 请宝宝在呼啦圈内或小桶内放入相同颜色的小球。

【情境引导】

农场内的小动物准备去森林里探险，可爱的小牛，和我一起出发吧！

这里有个漂亮的花园，可是小牛觉得这些花乱七八糟。

小牛爱整齐，现在想重新把花园整理好，快来把小花收好吧！

【活动重点】

1. 请从起点出发，父母可以引导宝宝发挥想象并说出他现在想象自己是什么动物。
2. 如果宝宝说大象，就请宝宝模仿大象走路，穿过“森林”（人造草皮）走到终点。
3. 到达终点后，请宝宝拿起一朵自己喜欢的“小花”（小彩球），并以大象的姿势再次通过“森林”走到终点，将刚采回的“小花”送进相同颜色的花园里。（红色球放进红色呼啦圈、蓝色球放进蓝色呼啦圈……）

【游戏观察】

1. 宝宝能不能正确辨认颜色？

   A. 可以区分。

   B. 稍微会区分。

   C. 完全没概念。

2. 宝宝会不会怕触摸到人造草皮？

   A. 不怕。

   B. 会怕，但可被引导。

   C. 完全排斥。

水中小精灵

适合年龄： 16个月
游戏目的： 水世界
感觉目标： 本体觉[1]活动
语言理解： 知道东西都有名字
发展动作： 能双手端起杯子喝水不打翻

【活动准备】

1. 设定一条无障碍的通道，起点和终点之间距离2米左右。
2. 请爸爸妈妈准备一些热带鱼、海星、鲸鱼、螃蟹等海洋生物的贴纸贴在起点地面。
3. 爸爸妈妈先在起点处贴满圆点贴纸。请使用可重复使用的贴纸，黏性不要太高。
4. 利用保鲜盒当作运送海底生物的小船。
5. 将终点的墙壁或餐桌椅设计成海底世界。

---

[1]本体觉是指身体肌肉、关节、骨骼联合运动时的协调能力，婴儿出生后的翻身、爬行、走路等身体活动的经验都有助于本体觉的正常发展。现今的幼儿因为家长保护过度或长期缺乏运动，因此本体觉的调节能力不佳，容易在上学后出现动作不协调、依赖、自信心不足等学习的困扰。所以说，动态的亲子游戏对0~3岁的孩子特别重要。

【情境引导】

爸爸妈妈可先问宝宝："你知道海底世界有什么吗？"使用海底生物的图案指导宝宝认识海底生物的名称，再来玩贴纸游戏。

【活动重点】

1. 请宝宝在起点以蹲姿撕贴纸，将撕下来的5张贴纸贴在保鲜盒底，然后盖上盖子。
2. 跟宝宝说："走，我们要将'鱼'送到海里！"请宝宝用双手端着保鲜盒快步走到终点。
3. 到达终点后，让宝宝自己把盖子打开做倒出的动作，再用力把盖子合上。
4. 重新走回起点，再撕下5张贴纸，重复来回，直到起点处的贴纸全部取下来。

【游戏观察】

1. 观察宝宝玩贴纸的精细动作，能不能贴好贴纸？

   A. 撕和贴好动作完成较好。

   B. 能贴，但贴不好。

   C. 完全不会贴。

2. 宝宝能否自己开启和关上塑料盒盖子？

   A. 开关都很密合。

   B. 能打开，但不会关紧。

   C. 完全打不开。

盖城堡

适合年龄： 16个月
游戏目的： 水世界
感觉目标： 本体觉活动（下肢控制）
语言理解： 能遵从“拿”“起立”“坐下”的指令
发展动作： 单手拿物前行
对抗阻力

【活动准备】

1. 在起点放上各种颜色的乐高积木。
2. 在中间的地上放置大纸箱，让宝宝可以钻进去。
3. 在终点放置小桌子，桌子上放上各色的乐高积木。

【情境引导】

由父母来引导，问宝宝：“你知道青蛙有几条腿吗？”“你知道青蛙怎么走路吗？”可由父母先示范游戏的动作。

现在，有只青蛙想在水里帮其他小动物盖城堡，有小虾、小鱼、小螃蟹，还有小蝌蚪，我们也来帮他们盖，好吗？

【活动重点】

1. 走！我们先选一块“砖头”。请宝宝每次只拿一块乐高积木。
2. 我们要跳进水里（大纸箱）游泳啦！请宝宝爬进纸箱，等钻出纸箱后请宝宝走到终点。
3. 在终点的桌面上，将同样颜色的乐高叠起来。
4. 回程以青蛙蹲跳的姿势回去，重复来回约3次。
5. 全部堆好后，可以和宝宝一起比一比，“最高”和“最低”的城堡是哪一个？

【游戏观察】

1. 宝宝能否将组合式的乐高向上叠起来？

   A. 完成。

   B. 不会，但被引导可完成。

   C. 完全不会。

2. 宝宝能否在地板上做出蹲跳的动作？

   A. 会蹲跳。

   B. 想跳，但动作不协调。

   C. 完全跳不起来。

海绵宝宝

适合年龄： 16个月
游戏目的： 水世界
感觉目标： 本体觉活动（计划动作）
语言理解： 动词表达
发展动作： 双手拿物前行
对抗阻力

【活动准备】

1. 设置一条无障碍的通道，规定起点和终点，两点之间约2米。
2. 起点先放置4个不同颜色的呼啦圈，并在呼啦圈上标清1、2、3、4。
3. 终点放置一篮不同颜色的小球当作小鱼。
4. 为宝宝准备一辆脚踏车（没有踏板没关系）。

【情境引导】

池塘的大鱼最近生了好多小鱼宝宝，池塘太小，鱼儿太多养不下了，所以要分送给喜欢养鱼的好朋友来照顾。宝宝快开车去送小鱼吧！

【活动重点】

1. 让宝宝坐在脚踏车上，用脚走路开车到终点去抓一条红色的“鱼”。
2. 宝宝拿着球走回起点依照颜色分类放好，然后继续玩下一趟。
3. 看看哪一个“水族箱”里的“小鱼”比较多。
4. “有几条红色小鱼？”“有几条绿色小鱼？”……在游戏结束前，爸爸妈妈和宝宝一起数球，拿起一个数一个，以增加孩子唱数经验。

【游戏观察】

1. 宝宝能正确辨识4种颜色吗？

   A. 认识4种颜色。

   B. 只能分辨1～2种。

   C. 完全没概念。

2. 坐在脚踏车上是否会使用两脚控制前进？

   A. 很顺畅。

   B. 会前进，但容易被绊住。

   C. 完全无法前进。

在与宝宝玩亲子游戏时，遇到什么问题吗？扫码进入线上提问页面，薛文英老师将为您答疑解惑

育儿笔记

第五章

挑战底线的冒险王

——2～3岁宝宝的能力发展与教养指南

为了照顾宝宝，全家人的生活步调整整被打乱了两年多，爸爸妈妈的体力和耐心都在递减当中，但是随着年龄增长，宝宝的表达能力、运动能力越来越好。于是爸爸妈妈开始会要求宝宝安静、坐下、不要讲话……

扫码收听薛文英老师解读2～3岁宝宝的发展特点

> > >

01 怎样养育2～3岁宝宝

每当我说2～3岁宝宝爱提问是件令人开心的事，一些爸爸妈妈便会苦笑地望着我，脸上带着疑惑。但我真心是这么想的，2～3岁这一年，宝宝的生活上有许多必须留意的细节，会深深影响到孩子将来的语言、学习、做事习惯和人格发展。

家中只有一个宝宝的，爸爸妈妈因为无从比较，所以常常不知道宝宝的言行举止背后的需求，可能就错过了早期可以调整的时间点。就拿说话这件事来说，两周岁的宝宝大约九成都能说出单字来表达意思了。若遇上已经满两岁而依然不会叫“爸爸妈妈”的宝宝，我们一定会特别关注，和妈妈访谈中也会很客观地抽丝剥茧，想了解能否从什么角度切入来引导宝宝跟上学习的节奏。照顾宝宝不只是满足他衣食等生存需求就足够，如果有更多的人都来吸收一点儿育儿相关的知识，对孩子的发展和家庭的和谐幸福都有积极正面的帮助。

2～3岁的宝宝常像个小小的纠察员，语言发展比较快的宝宝会说：“爸爸回家进门后鞋子没放好。”他会紧盯着每个人，要求他们在吃饭前一定要去洗手……若您家的宝宝也有这些行为，回头您要好好感谢平日负责照顾宝宝的人，因为宝宝的言行就是一面镜子，他们用行动来呈现结果；这个宝宝长期以来受到很好的教育，在潜移默化的影响下，宝宝已经能记住生活上必须遵守的规则，所以才会要求大家都要做到。

早在100多年前，意大利幼儿教育专家玛丽亚·蒙台梭利博士便观察到2~3岁幼儿进入“秩序敏感期”，她认为儿童本来就有顺乎自然的秩序感，只是被大人以权力无意间损坏了。每天的作息都要有规律，每样东西也摆放在固定的位置上，孩子就可以自由地在熟悉的环境中找到自己想做的活动。平心而论，成人确实期待小宝宝能有规律的生活作息，如此照顾者便会轻松许多；但事实上当大人自己打乱生活的步调而让宝宝来配合时，我们却容易给自己想出一个合理的理由。

究竟什么可以做？什么又不能做？孩子们需要有一个明确的标准和规则可以遵守。其实处于这个阶段的宝宝正在学习认识自己和周围环境的关系，任何有违宝宝习惯的变动都可能造成不安从而引发宝宝哭闹；想想若一个2岁宝宝无法准确说出自己的感受和需要时，自然是只能用动作来表示，一旦宝宝的动作是大人没有预料到的状况，就会让大人误认为宝宝是无理取闹。

温馨提示

2岁是个似懂非懂的混乱期，宝宝会说话后，爸妈有时会误认为宝宝长大了，但是有理讲不清的情况经常考验大人的耐心。请同理宝宝的感觉和需求，多和宝宝说正向鼓励的话。

这样做会不会宠坏宝宝

“为什么在家都可以自己吃饭，回到外婆家就要大人喂了？难道小孩子这么有心机吗？”

这类问题时常会困扰年轻的妈妈，她们很担心孩子被宠坏，但又不知道如何和长辈沟通才好。出于这种担心，就有妈妈会把小宝宝与其他人隔离起来，不让任何人影响自己教养宝宝的原则。而我一再请妈妈们在育儿时要懂得调节紧绷的情绪，24小时紧盯着宝宝，这种照顾模式，可能会形成看不见的压力，首先就要累坏了妈妈自己。

如果平时相处的时间不够长，外婆和奶奶并不清楚宝宝已经能自己吃东西了，大人喜欢每喂一口饭就会忍不住称赞小宝宝：“这是外婆特别给你买的，外婆就知道小乖最喜欢了，来再吃一口！”看到宝宝开心地吃下精心准备的食物，真是一种很大的成就感，而宝宝见到外婆的笑容也会增强继续被喂食的动机。于是祖孙两人都乐于处在彼此高兴的状态。对于宝宝而言，这种情境下，一边吃食物，一边两手还能拿玩具……如此轻松，聪明的小宝宝当然不会想打破这种难得的和谐关系。

所以，请别再误认为宝宝心机重，会依照时间和状况调整行为，是大脑很直接的反应，儿童的心思真没有大人所想象的那么复杂。在现实的家庭中，父母双方或其他家人的观念与生活习惯多少会有差异，孩子会试探每个人的底线，配合大人的管教模式发展出不一样的行为表现，宝宝只是用行动来配合对方的期待。

温馨提示

2~3岁宝宝完全有能力自己吃饭，如果宝宝无法完成这项任务，原因不是宝宝自己做不到，而是他们根本没机会可以自己动手拿汤匙吃。

02 2～3岁宝宝的动作发展

“最近宝宝的破坏性很强，拿到东西就乱敲，拿到笔就到处乱画，是否要把笔都藏起来呢？”

在幼儿的动作发展中，跑、跳、翻、滚等类活动被归纳为大动作的发展能力，手指和指掌控制的能力被归纳为精细动作发展观察的重要指标。在正常的发展下，2岁之后的宝宝已经能用食指和拇指抓起细小的物品，也能拧开盖子顺利拿到放在瓶中的物品。但是爸爸妈妈常以为宝宝还小，从来没有想过让宝宝练习自己动手。主动探索和模仿是与生俱来的天性，所以从某种程度来说，宝宝这些动作是在寻找刺激，也可能是故意引起大人注意的举动。

宝宝会模仿大人的动作，如果2～3岁的宝宝精细动作发展得比较好，其实握笔的姿势不用特别教导就能学会；但是如果精细动作不够灵巧，很可能上了小学后握笔写字还会经常喊累。有位妈妈告诉我她担心宝宝拿笔走来走去会有危险，所以交代照顾宝宝的保姆必须随时将筷子、笔通通收起来，绝对不能让宝宝拿到。这样的做法值得商榷，因为当我认识这孩子时他已经要读中班，可他握笔涂色时还很笨拙，端水或拿玩具的手势也呈现无力的样子。因此我想2岁多的宝宝不需要禁止他拿笔，重点要提供足够的材料，在大人的陪同下让宝宝尽情练习，别让宝宝随意画在沙发或墙壁上；如果还是担心笔或颜料会弄脏家具，可以准备各种水洗画布和颜料，来满足宝宝模仿大人写字的需求，这类活动也可以培养宝宝的耐心和专注力。

我们一直强调宝宝要在游戏中成长，要随着宝宝年龄增长慢慢鼓励宝宝做更多的活动，这些活动不仅要有锻炼四肢的游戏，也要有锻炼手部灵活操作的游戏。

增进宝宝精细动作的活动

其实宝宝的精细动作和身体协调能力是有关系的。观察宝宝拿汤匙、叉子进食的时候，会不会常将食物弄出碗盘外。若吃顿饭经常弄得杯盘狼藉，也需要好好注意。吃饭的时间就是宝宝练习精细动作和手眼协调的好机会，宝宝能有充分练习的机会吗？还是大人仍然觉得他做不好所以就顺手帮忙了呢？

日常生活中有很多活动都可以训练宝宝的手指操作能力，首先我们要开始放手让宝宝自己做。例如，让宝宝自己穿脱鞋子和衣裤、刷牙或吃饭等。以儿童发展的阶段来看，2~3岁，宝宝具有最强烈的学习动机，他们很想帮忙，动作方面也需要练习，对执行重复而单调的动作有比较好的耐心，所以也是进行亲子互动游戏最好的时期，可以玩出许多不同的变化，宝宝也能够发挥更多的想象力，让活动过程充满意想不到的惊喜。

确实也有些宝宝的主动性不太强，他们总是会先观察而不会立即行动，一到陌生的新环境就显得更紧张。如果大人简单地认为宝宝比较害羞或胆子小，于是很可能是想办法催促他们，或认为宝宝不喜欢而放弃尝试。其实这些宝宝只是敏感而容易紧张，他们更需要有经验的人来引导他们去发现活动的乐趣。

如何引导不爱动的宝宝

我们得先激发宝宝的兴趣，当宝宝还不想参与活动时，必须先引起他的好奇心，大人可以先玩得很开心，用比较夸张的声音或动作让宝宝近距离来观察，等宝宝脸上露出微笑就表示他并不排斥，这时候再询问他想不想试试。给他练习的机会，或陪在一旁各做各的就可以。

幼儿习惯自己玩或者和亲密的家人相处。从儿童心理发展的历程来看，3岁之前的宝宝还不懂得进行团体活动，这时若让年龄相近的宝宝在同一个房间里玩，宝宝也多半是各玩各的，彼此活动不会有太多的交集。爸爸妈妈要多带宝宝到公园或游乐场玩，让宝宝多看、多听，有更多机会活动身体，宝宝便能有更多机会观察到动作的技巧，然后自己再找机会反复练习。

在我过去实际接触的宝宝当中，有的宝宝就需要很长的时间来观察，他们习惯先当观众，即使站在一旁看着其他小朋友玩也很高兴。虽然在游乐场的当下他们还不愿意参与，可是回家之后会拿出玩偶练习，甚至是一个人自言自语扮演曾经看过的活动，这些宝宝需要多次接触才能熟悉新环境，确定安全或自己也能做到时才会放心。若以感觉统合的观点来看，很可能他们在前庭觉[1]、触觉或其他感觉输入与调节的生理反应方面不太协调，这些情况可通过平时的活动来调节改善。可是大人若用个性内向或不合群等说法来看待他们，这些宝宝就没有办法及时获得帮助。

运动协调能力的好坏与练习的次数大有关系，不善于运动的宝宝当然就不想动，总是练习不够，自然动作也就更生疏……虽然宝宝年纪小，也无法完全理解大人讲话的意思，但已经能敏感地觉察别人的情绪，因此即便是宝宝的动作不够精准熟练，也不要取笑宝宝做得不够好。在每一次完成活动以后，爸爸妈妈要真心肯定宝宝所做的努力，让宝宝以期待的心情继续进行。

---

[1]前庭系统位于内耳，由3个半规管和耳蜗组成，负责侦测速度、位置变化时的感觉。由于复杂的前庭系统和眼球运动及其他感觉神经系统有关联，所以在婴幼儿的大脑神经系统发育过程中，前庭觉刺激的经验会影响儿童对外界信息判断的行为表现。因此大脑感觉统合的能力对儿童的动作、视觉和听觉发展及语言学习表现都可能造成影响。

大人心情不好时也要陪孩子玩吗

当我们鼓励宝宝进行各种活动时，让宝宝和大人都在没有压力的情况下玩比较好。如果大人自己情绪不佳，或者设定太难的挑战目标要求宝宝达成才能休息，这么一来可就失去亲子游戏的意义了。在大人自己感觉情绪低落时，可以找些宝宝自己玩的活动，放点儿轻松的音乐，陪在宝宝身旁就够了，而不需要将亲子游戏当成非做不可的功课。因为在大人情绪低落的时候，容易用过于严厉的要求来看待宝宝的一举一动，如此一来，反而可能造成反效果。宝宝真正需要的是一个有趣的游戏玩伴，并不是教官或纠察队长。

爱围着大人转

“为什么宝宝很爱围着妈妈打转？尤其是最近在散步时，如果我和朋友停下说两句话，他就故意绕着大人转圈圈，叫他暂停也不肯听。”

亚伦是个2岁半的小男孩，会走路之后就成天活泼好动，喜欢和爸爸玩动作激烈的游戏，但平时是妈妈陪着亚伦的时间比较多。妈妈和照顾他的阿姨几乎成天陪他在室外散步，可是当妈妈停下来和邻居说说话，亚伦就会在妈妈的周围不停地跑，就算妈妈骂他没礼貌，并且警告他也没用，隔两天又会忍不住再犯。“别人家孩子看了也跟着学，真不好意思呢！看孩子跑来跑去叫我头都晕了，难道小孩子是不会头晕的吗？”

无论大人还是小孩，当身体受到旋转或高速度的刺激时，大部分人都会感到晕眩，我们的左右内耳里维持身体平衡的前庭系统会发挥平衡调节的作用，身体出现心跳加速、呼吸急促、晕眩或想吐时，就会停止继续做太危险的动作。前庭系统与视神经也有连接，所以一个前庭系统太过度敏感的人，若见到影像一直晃动，确实也可能会有头晕的感觉。

当然也有少数人的前庭系统感觉反应很低，这样的成人会特别喜欢高度刺激的户外活动，只有高空弹跳或云霄飞车的速度感才能满足这种需求。如果亚伦的爸爸一向很喜欢刺激性高的运动，儿子也可能遗传与爸爸相似的感觉神经反应，对速度和高度变化一点儿都不害怕，反而天生就需要大量动态活动的刺激。具有这样体质的宝宝，从幼儿时期开始就特别需要大量的体能活动，不是通过散步便可以满足。

幼儿在学龄前，大脑的感觉系统还未发育成熟，即便是敏感型的孩子也会需要一点儿刺激，2岁半前后是宝宝最爱转圈的时期。当宝宝能够掌握如何维持身体平衡之后，单调的转圈动作就不再那么吸引宝宝了，他将会对玩法更复杂的游戏产生兴趣。

03 2～3岁宝宝的情绪发展

“我家女儿其实还不满3岁，可是她都不太搭理我，下班以后我想抱她，她就说：‘不要！’这么小的孩子常爱挑大人的毛病，成天就爱抱着洋娃娃自问自答，害我有点儿心里发毛，请问这样正常吗？”

曾经有位年轻的爸爸在参加我们的亲子活动时，很直率地说出他的疑惑。我跟他说：“你的想象力很丰富，恐怖电影看太多才让你想多了吧？请放心，你家女儿的表现看起来很正常，或许和同龄的宝宝比起来说话还更流利呢！”第一次当爸爸可能不清楚，女孩的游戏常常就是如此。表达能力较好的孩子还会重复大人教导过的话，所以宝宝才会像个小老师要求大人也必须按照规定来做事情。这个阶段的宝宝在意的事情很简单，可是大人有时也容易忽略，例如，必须洗手才可以吃东西，东西要依照妈妈规定的位置摆放，不管是谁不小心犯规，宝宝都会提出抗议。

爸爸妈妈应该为此而感到欣慰，不要觉得宝宝爱找麻烦或有挑衅的意味。因为若以发展成熟度来看，宝宝能够主动发现不符合规定的状况，完整地说出正确的做法，要求别人必须配合，这些都是观察力敏锐和大脑发育更成熟才会有的表现。

这个时候到底该玩什么

“女生爱玩过家家，男孩都爱玩车子和积木，是吗？”

在幼儿时期，男孩和女孩的玩法会开始出现差异性，但请不要被过去传统错误的刻板印象而干扰。我遇到过一些妈妈会着迷地购买名牌玩偶给女儿，给儿子就买近百台的玩具车。经济条件还不错的家庭，宝宝的新玩具会不断增加，但这些宝宝拿到新玩具的兴奋期很快就消失，于是爸爸妈妈就只好再去买新的。

客观地拿出来检视一番，可以发现多数家庭买的玩具类型并不多，呈现出同一种类型的偏好，喜欢火车就买各式各样的火车模型；爸妈不喜欢玩拼图，通常也不可能去买个拼图回家来制造混乱。所以我真心希望爸爸妈妈能早点儿理解，宝宝真正需要的玩具是多元化的。宝宝并不需要太多价格昂贵的收藏品，凡是能够符合安全卫生要求，可以动手抓握、触摸、拆解或组合的玩具，都可能变成宝宝爱不释手的好玩具。

不要轻易打断专注游戏的宝宝

宝宝对于游戏的喜好会改变，每个阶段的偏好与身体感觉动作能力、语言认知基础有关，也和最近的情绪状态有关系。2岁这个阶段正是模仿能力快速发展的时期，宝宝常会在独处时经由假扮的游戏表现出记忆中曾经看过或听过的样子，在大人眼中看起来可能有些无聊或好笑的举动对宝宝而言却是非常必要的。小宝宝在玩游戏的过程中，大脑会呈现活化启动的状态，这要比被动地看电视强太多了。

温馨提示

2~3岁宝宝完全有能力自己吃饭，如果宝宝无法完成这项任务，原因不是宝宝自己做不到，而是他们根本没机会可以自己动手拿汤匙吃。

为什么宝宝不理你

有时看着宝宝在专心地玩自己的游戏，都不太搭理爸爸妈妈。这时候，有些爸爸会以为宝宝比较喜欢和妈妈玩，而觉得自己不适合陪宝宝；很多上班族妈妈却总觉得宝宝不爱理自己，妈妈们很容易对宝宝与照顾者比较亲近而感到失落。

对于类似的烦恼，我常以不同的角度来思考。如果宝宝可以和爸爸妈妈有亲密的互动，只有在专心投入游戏时，暂时不希望别人打断，从学习的角度来看，这是一种专注力的表现。

根据研究发现，天赋较好的孩子会在很小的年纪时就对某一种游戏很投入，当同龄宝宝玩5分钟就会想转换新目标时，而他却会持续练习长达半小时以上。这类活动包括玩拼图、堆积木、拿笔乱画、重复爬高再跳下来，但是不包括看电视或玩平板电脑。

或许您也有这样的经验：当我们的大脑专注于思考或做某件事的时候，身旁的声音或影像暂时会自动忽略了，就好像完全没有听到和看到一样。

所以，倘若您的宝宝平时可以和别人一起玩，只有在做某种活动时，总是特别投入而不喜欢被打断，那么很可能这就是宝宝现阶段最需要的感觉刺激，这是一种主动想要学习的内在动机，不是爸爸妈妈强迫训练可以得到的结果，也不是故意不理会爸爸妈妈。

在童年时期有爸爸妈妈的陪伴和支持，这对宝宝的自信心建立是很重要的。从现在起，宝宝已经开始发展向外学习和解决问题的能力，请放心让宝宝尽情地做游戏的主角吧！

温馨提示

与宝宝建立良好的亲子关系，应该从以下几个方面来做：

· 真诚的互动：和宝宝一起游戏时顺其自然，采取引导而非教导，无须默认目标。
· 适当的距离：蹲下来或坐在宝宝的身旁，距离不要太近，等待宝宝主动接近。
· 适时地放手：避免经常纠正宝宝的做法，让宝宝有机会用自己的方法试一试。
· 柔软的身段：保持童心和想象力，放松心情，让自己融入宝宝的想象世界当中。

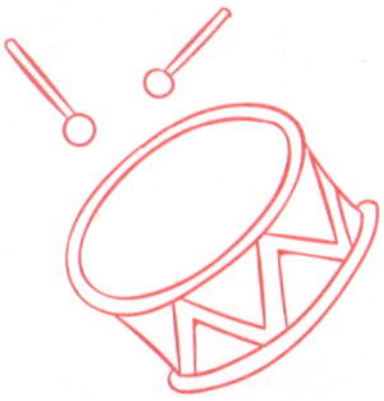

04 2~3岁宝宝的语言发展

“宝宝已经2岁半了，说话还不清楚，每次都要妈妈充当翻译来解释宝宝的意思。我知道这小孩很聪明，可是如果话都讲不清楚，上幼儿园会不会被欺负？我真担心……”

重视1岁半前的“前语言期”

说话是用来沟通的，在宝宝还没上学之前，如果负责照顾宝宝的人和家庭成员，都与宝宝培养出良好的默契，就可以准确地知道宝宝想要什么。就算宝宝还不能完整地说出一句话，生活上也不会发生太大的沟通问题。因此，宝宝的语言发展在同龄人中到底是快还是慢，爸爸妈妈确实是无从比较，等到幼儿园老师来反映宝宝表达能力确实比较慢了，这时候大人和小孩都会追赶得很辛苦。

在1岁半前的“前语言期”，宝宝需要大量的语言刺激，能有机会听大人说话的宝宝对语言的发音、语调就留有比较多的记忆，在开口说话后脑子里有比较多的数据可以提取应用。万一错过了语言发展的第一个黄金阶段，在2岁后才发现宝宝还无法说出完整句子来，就要先从大人和宝宝互动的生活习惯来调整改变。

第一，在生活中随时注意提醒自己“不要给太快”，让宝宝感觉到说话是必要的。

第二，增加模仿说话的练习：在拿东西给宝宝前，要慢慢说出手上东西的名称，请宝宝跟着说一次。讲话时让宝宝看到妈妈的嘴型，放慢说话的速度，从一个单字引导到一个短句子。例如：“这是饼干。”等待宝宝说出“饼干”后，才把东西交给他。

第三，问开放式问题，不要问封闭式问题。

封闭式问题：

妈妈问：“你要吃饼干吗？”

宝宝只会回答：“要”或“不要”。

开放式问题：

妈妈问：“桌上有饼干和牛奶，你想先吃什么？”

宝宝说：“我想吃饼干。”“我想喝牛奶，饼干给妈妈吃。”

发音不清楚，正常吗

“说话发音不清楚，常说一连串的话，别人却听不懂，每次叫他说清楚，就是纠正不过来，这是什么问题？”

儿童语言发展的过程很长，如果2岁后的宝宝已经能说、也愿意说，或许爸爸妈妈就可以放心一半，因为大约会有50%的幼儿在4岁之前发音不够清楚。2岁前后可不用太着急。如果爸爸妈妈想要积极帮忙，建议在生活中关心宝宝口腔唇舌的协调能力。

说话发音是否准确可以从接收和输出两个方面来讨论。接收来源要有敏锐的听觉，能听出音调、音律的细微差异；输出则是口腔唇舌、声带的协调控制能力。在接收方面，爸爸妈妈通常能做得很好，给宝宝听音乐或外文歌曲，常和宝宝说话等，这些都是促进宝宝听觉发展和听知觉的活动。可是输出的这一端，爸爸妈妈经常在做让宝宝能力变弱的事情，但很少人有警觉。

“宝宝能和大人一起吃固体食物吗？”有一次我在演讲时问大家。

“没试过，我怕宝宝噎到，所以只让他吃软的食物。”一位妈妈回答。

这位妈妈说她的2岁宝宝每天只喝用大骨汤熬煮了两小时的粥，水果也会磨成泥才喂。这个2岁的小男孩被当成婴儿来照顾，没有咀嚼食物的机会，所以只会吞食，说话发音也只能发出单音，就像个才刚满1岁的小宝宝一般。然而，这不是特例，经济条件好的家庭中，宝宝常常被过度保护，照顾得过于精细，而这也正是宝宝发展落后的潜在原因之一，因为这些宝宝太被重视了，不能出任何一点儿意外。照顾者不知道咬合能力与口腔肌肉控制有关。只会吞食的宝宝，唇、舌和牙齿协调控制的练习肯定不够，这样自然就不能发出精准的声音。

所以，宝宝讲话不清楚，不一定是他的错。很有可能和宝宝吃东西的习惯有关系，爸爸妈妈一定要引起注意。

温馨提示

宝宝的食物要具备多样性，让宝宝能接受软的或硬的食物，而不是偏好某一种。这样做的目的不单只为了营养均衡，咬合咀嚼动作的发展对负责说话发音的口腔肌肉的活动具有主要作用，千万不可以忽略。

育儿笔记

第六章

2～3岁宝宝的亲子游戏

这个时期的宝宝需要有比较充足的运动量，
但忙碌的爸妈不一定每天能带宝宝到游乐场去玩，
这时在家的游戏就很重要了，在游戏时营造出想象的情境，
可让宝宝更好地融入游戏中，以培养宝宝的专注力。

01 2～3岁宝宝的变化

2～3岁的宝宝好奇心强，行动自主，自我意识也渐渐开始萌芽。在2～3岁阶段，宝宝将开始学习接受新事物，生理上也可以控制大小便，出门的机会开始增加。

有些宝宝已经准备进入幼儿园，人际互动对象更多，接触的环境扩大后，得以展开多元的体验式学习，这些都是在为将来要面临的新的学习环境与更复杂的运动游戏做准备。

此时宝宝的视知觉与听知觉也逐渐有了反应，喜欢玩模仿游戏，也慢慢有了象征性的游戏，一步步地打开社会人际关系的互动意识。

02 2～3岁宝宝的亲子游戏

2～3岁家庭亲子游戏活动规划

2～3岁的孩子，语言理解能力和听觉记忆能力已经有了一些基础。他们喜欢学大人的语调，反复运用经常听到的词汇，因此听知觉反应更快，语言的运用从叠音逐渐过渡到短句。

建议在主题范围内以生动的故事情境，引导孩子听、说、唱、扮演的游戏过程，锻炼孩子的语言表达能力。

温馨提示

当孩子想说却又说不清楚时，爸爸妈妈不妨先看看再确认孩子的意思，引导并协助孩子怎么听和怎么说。此外，故事书、绘本都是增进孩子语句和词汇的很好媒介。

2~3岁宝宝的动作发展水平和语言发展水平

在此阶段，宝宝的动作和语言能力在快速发展，但宝宝之间也有很大的差异性，爸爸妈妈不要将自己家的宝宝与别人家的宝宝反复比较，徒增焦虑和担忧。可以参考下表对宝宝做个简单的评估。

表5　2~3岁宝宝的动作发展水平和语言发展水平

动作发展	语言理解 / 口语表达
单脚站立1秒以上。	会用句子表达自己的意思，如，我要球。
会双脚跳（3岁完成）。	喜欢儿歌并重复歌唱。
会手心朝下扔球或东西。	能完整说出自己的姓名。
会掷球、溜滑梯、踢球。	认识身体各部位名称。
会踮脚尖走路。	能辨别2~4种物品的用途。
会扶把手上下楼梯。	会比较大和小，开始学习反义词。
能蹲下身子捡东西，不需扶手就能站稳。	会注意听大人说话，能模仿大人讲话。

2~3岁亲子游戏的认知学习

在与此阶段的宝宝做亲子游戏时，我们将从“农场主人”“水的世界”“交通工具”和“生活百货”4个主题来展开，详见下表：

表6　2~3岁亲子游戏的认知学习

主题	词汇种类
农场主人。	陆上动物、植物、工具。
水的世界。	水中生物、自然现象。
交通工具。	交通工具、建筑物、地名。
生活百货。	食、衣、生活用品。

农场主人

适合年龄： 2岁
游戏目的： 认识农场
感觉目标： 触觉活动
语言理解： 会用句子表达自己的意思，如："我要带小狗回家。"
发展动作： 会跨走积木

【活动准备】

1. 设定一条无障碍的走道，起点和终点相距2米左右。
2. 在起点和终点分别准备一组动物图卡，供配对使用（或由父母和孩子一起画）。
3. 在起点将这组图卡反过来盖上（增加神秘感）。
4. 从起点到终点放置 5 ～ 6 个儿童游戏拼垫，布置成往返的路线。

【情境引导】

我们今天想要送"动物"们回去找好朋友，可是去"动物"们的家必须穿越吊桥，所以等会儿走吊桥的时候要慢慢走。请记得"动物"和"妈妈"要手牵手，这样"动物"才不会走丢了。活动开始啦！准备出发！

【活动重点】

1. 活动开始，请宝宝在起点覆盖的图卡中抽出一只“动物”，并说出图卡名称。（例如：“我要带小狗回家”“我要带奶牛回家”……）
2. 接着让孩子带着图卡，单脚跨越吊桥（儿童游戏拼垫），将图卡放置在同样图卡的位置做配对，折回再来一次，直到卡片全部送回。

【游戏说明】

当孩子有了配对概念后，可以将图卡改为2片式拼图，让宝宝做配对练习。

【游戏观察】

1. 宝宝能不能用单脚站立1秒钟?
   - A. 可以做到。
   - B. 愿意试，但无法成功。
   - C. 完全做不到。
2. 宝宝是否具有配对的概念?
   - A. 配对观察好，也能做到。
   - B. 愿意做，但不会全对。
   - C. 完全做不到。

疯狂洗衣机

适合年龄： 2岁
游戏目的： 生活百货
感觉目标： 双手合作活动
语言理解： 会用句子表达自己的意思
发展动作： 能踮脚尖至少1秒钟

【活动准备】

1. 爸爸妈妈在家中找一个长宽约2米的空间。
2. 在起点利用儿童游戏拼垫（或报纸）设置成为洗衣槽。
3. 准备3个吹好的气球。

【情境引导】

宝宝，我们一起来洗衣服吧！洗衣机，转转转。洗衣机的泡泡飞起来了，快来帮忙，我们让泡泡飞得高高的吧!

【活动重点】

1. 由爸爸妈妈引导宝宝在“洗衣槽”（儿童游戏拼垫里）将气球一个个地向上拍打。

2. 努力不让气球落地，爸爸妈妈陪伴宝宝一起加入游戏，可以增加游戏的乐趣，并延长游戏时间。

【游戏观察】

1. 宝宝能不能准确拍打到气球？

A. 顺利向上拍起。

B. 无法拍中，但乐于练习。

C. 无法拍中气球。

2. 宝宝能否依照气球飘动方向移动身体？

A. 能找到正确方向。

B. 方向感不佳。

C. 看不到气球。

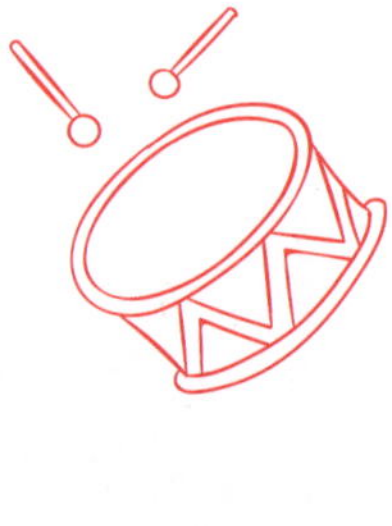

养鱼达人

适合年龄： 2岁
游戏目的： 水世界
感觉目标： 手指精细动作活动
语言理解： 会用句子表达自己的意思
发展动作： 能踮脚尖至少1秒钟

【活动准备】

1. 设定一个无障碍的场地，起点和终点相距2米。
2. 在起点放置一把小椅子，让孩子站在上面。
3. 在终点放一些塑料水瓶当成鱼。
4. 准备一支保鲜膜内的纸芯当钓竿用，绑上尼龙绳当成鱼线。

【情境引导】

妈妈今天买了一个“水族箱”回来，可是里面没有“鱼”，小宝和妈妈一起去“钓鱼”好吗？

【活动重点】

1. 爸爸妈妈引导宝宝站在小椅子上面，先问宝宝：“今天想钓什么‘鱼’呢？”

2. 让宝宝自己回答：“今天想钓‘大黄鱼’。”“小宝现在想钓‘小螃蟹’……”

3. 宝宝双手握住“钓竿”，“钓竿”上连着一条“钓鱼线”，请宝宝抛线，爸爸妈妈在终点将线绑住塑料瓶。

4. 宝宝用双手滚动“钓竿”，将线卷回来，把“大鱼”钓起来。

【游戏观察】

1. 宝宝能不能灵活使用两手，把线卷起来？

   A. 可以做到。

   B. 愿意试，但无法成功。

   C. 完全做不到。

2. 宝宝在游戏时能不能记住妈妈说的名词？

   A. 很快记住。

   B. 愿意试，但无法成功。

   C. 完全做不到。

小小渔夫

适合年龄： 2～3岁
游戏目的： 水世界
感觉目标： 手指精细动作活动
语言理解： 能辨别2～4种物品的用途
发展动作： 能踮脚尖至少1秒钟

【活动准备】

1. 设置一条无障碍的走道，起点和终点相距2米左右。
2. 在起点的地板上放置画有水中生物的图卡（例如鱼、水母、海星等）。
3. 在终点将尼龙绳两端固定，把晒衣夹挂在尼龙绳上。（夹子的高度要在孩子上方需要踮起脚尖伸长手臂才能摸到的高度。）

【情境引导】

大家辛苦地把“鱼”钓回来了，收获了好多种“鱼”啊，足够晒成“鱼干”了。

请宝宝帮忙把这些“鱼”高高挂起来吧！

【活动重点】

1. 爸爸妈妈引导宝宝在起点选择自己认识的水中生物图卡，说出这是什么。

2. 把图卡拿到终点。引导孩子踮起脚尖，将“鱼”（图卡）一条一条夹在绳子上。

   进阶活动：若宝宝学得比较快，妈妈也可以将不同的图卡混进来，让宝宝抽中时想一下这是鱼吗？能不能吃？这是什么东西？你也想要挂上去吗？

【游戏观察】

1. 能踮起脚尖双手举高至少1秒钟吗？

   A. 会踮脚。

   B. 部分会。

   C. 可被引导。

2. 能否做好用手指拿取物品的精细动作？

   A. 能顺利开启夹子。

   B. 可被引导。

   C. 手指无法控制拿取动作。

小小运动员

适合年龄： 2～3岁
游戏目的： 生活百货
感觉目标： 球类活动
语言理解： 会用句子表达自己的意思，如，“我要足球。”
发展动作： 会掷球、溜滑梯、踢球

【活动准备】

1. 设定一条无障碍的走道，起点和终点相距2米。
2. 在起点准备一个气球。
3. 准备大圆点贴纸。
4. 在终点摆放不同球类的图卡（如足球、棒球、篮球等。每次游戏使用2种，可重复使用，让宝宝记住球类名称）。

【情境引导】

小宝你看！所有球类运动员大集合了。现在我们先来选球吧！当宝宝选好球卡之后，教宝宝认识球的玩法。例如：足球是用脚踢的。

【活动重点】

1. 由爸爸妈妈在起点引导孩子，选取终点想要的球类（例如足球）。在气球上贴一张圆点贴纸，用脚将球踢向终点位置。
2. 到达终点图卡区时，请孩子将气球上的贴纸撕下来贴在足球卡上。
3. 回到起点继续选球。

【活动变化】

若宝宝选到篮球图卡，爸爸妈妈就示范投球动作，在1米外放一个桶子，请宝宝把球投进桶子里。

【游戏观察】

1. 宝宝能够单脚站稳把球踢出去吗?

 A. 会踢球。

 B. 偶尔能踢中。

 C. 可被引导学习。

2. 宝宝能正确说出球类名称吗?

 A. 可快速辨认，不会混淆。

 B. 会指认，但无法说出玩法。

 C. 每次练习都要重新再教一次。

神枪手

适合年龄： 2～3岁
游戏目的： 生活百货
感觉目标： 球类动作活动
语言理解： 手臂大动作
发展动作： 会手心向下扔球或东西

【活动准备】

1. 设定一条无障碍的走道，起点和终点相距2米。
2. 在起点地板上贴出一条控制线。
3. 在终点墙壁上贴上一张彩色纸。
4. 准备一个较软的小球。

【情境引导】

准备"射击"时，请孩子站在起点的"射击区"，不能跨越控制线。爸爸妈妈先示范掷球的技巧，让宝宝站在游戏室里最佳的投球位置，手心朝下，将球拿至耳朵旁向外投掷。

【活动重点】

1. 在旁观察宝宝能否以抛物线状投出小球，爸爸妈妈可以先和宝宝练习扔球、接球。
2. 当宝宝可以完成向前抛球时，可以正式开始做有目标性的投掷练习。
3. 开始引导孩子站在设定的控制线上，向墙壁上的色纸区内“射击”。投掷的距离请依据孩子当时的掷球稳定度慢慢调整，由近到远。

【游戏观察】

1. 观察宝宝能否调整自己掷球的方向和力道?

   A. 会。

   B. 可依照提示调整动作。

   C. 无法控制。

2. 宝宝掷球的表现怎么样?

   A. 能够掷出向上、向外的抛物线。

   B. 掷球状况不稳定。

   C. 朝地面掷球。

在与宝宝玩亲子游戏时，遇到什么问题吗？扫码进入线上提问页面，薛文英老师将为您答疑解惑

第七章

精力旺盛的小淘气

——3～4岁宝宝的能力发展与教养指南

“宝宝3岁后，我们全家为何时送宝宝进幼儿园已经快吵翻天了。听说孩子都要哭很久才能习惯，这是真的吗？”

别担心，其实不是每个宝宝都会排斥上幼儿园，

人们对负面的信息总是记忆比较深刻。

扫码收听薛文英老师解读3～4岁宝宝的发展特点

> > >

01 3～4岁宝宝对长大充满期待

能不能很快适应新环境和儿童天生的特质与生活经验都有关系，家中的宝宝如果比较容易紧张，我们可以提早半年就慢慢营造一个轻松的氛围，传递出“上幼儿园是件快乐的事”的信息，也要避免在宝宝面前谈论到别的宝宝上幼儿园发生的负面话题，如此宝宝便会觉得长大上幼儿园是件令人期待的事。

3岁的宝宝对长大这件事充满了期待与想象，他们能听懂大人说话，但不能真正理解别人讲话的意思，才会闹出许多叫人哭笑不得的状况，这也是3岁宝宝最可爱之处。

在台湾，幼儿园教育至今还未纳入义务教育，所以学龄前阶段发展出公立和私立的幼儿园可供选择，也有部分家庭认为妈妈自己在家教更方便。

当时我决定提前让小豆离开家中一对一的照顾去上幼儿园，主要是因为小豆从小模仿力就特别强，缺乏年龄相近的玩伴，家中只有大人和年长7岁的大哥哥，成天在家被长辈宠溺的机会太高，所以才希望他在白天能够与更多的小宝宝一起玩。

为了给宝宝提供一个寓教于乐、安全的游戏环境，我们必须每天早晚不怕浪费时间地往返接送，最困难的部分是要先克服大人难分难舍的心情。

我还依稀记得小豆第一天去幼儿园时，当时他还未满2岁，他站在门口挥着小手说："妈咪，BYE BYE！"然后就让老师牵着小手，头也不回地走进教室了。

"就这样。"园长在门口微笑地跟我挥手，示意我安心快去上班。于是我跟自己说："是的，这样很好，儿子长大了，我相信他有很好的适应力！"

尽管喜欢玩伴的宝宝期待长大。妈妈的心情却是矛盾的，喜悦和失落交织着……老实说，宝宝不可能每天都会笑着走进幼儿园，有时宝宝还想睡，说什么也不肯进幼儿园；万一在门口见到其他小朋友叫妈妈，也会吵着想要抱……幼儿园门口就会同时上演苦情剧。大约有一年的时间，我最期待早上在幼儿园门口的两三分钟里暂时先别遇上新进园的小宝宝。

因为幼儿的情绪很容易被导向兴奋的状态，所以我每天调整自己的心情和儿子一同扮演"乖宝宝爱上幼儿园"的喜剧。在幼儿园门口时我兴奋地说："老师早安，小豆又来上学了！请问今天有什么好玩的呢？"有默契的可爱老师就会满脸笑容走过来，跟着演："今天我们有好多东西可以玩，小豆妈妈，拜托你不要太早来接哟！小豆还要当老师的好帮手呢，小朋友都很喜欢他。”容易莫名其妙跟着兴奋的小孩子，很自然地被老师顺利接进教室，开始一天有趣的探险游戏。

送宝宝上幼儿园是考验父母意志力的一段过渡时期，全家人一起做好心理建设就会比较顺利。每个家庭有不同的生活习惯和教养理念，宝宝的发育成熟度也不同，所以什么时候要上幼儿园是有弹性的。

爸爸妈妈真的不需要跟别人比较入园的时间是早一年还是晚一年，隔壁家的大宝提早一年上幼儿园，将来学习的过程也不见得就能一路领先。可是当您在客观评估之后，若觉得团体学习的环境是宝宝需要的，那么就该设法坚持下去；这道理和宝宝学走路一样，如果爸爸妈妈不放手，宝宝就无法学会自己走。

3岁起，宝宝就要进入儿童早期的学习阶段，让我们以喜悦的心情继续给宝宝加油吧！

02 3～4岁宝宝的动作发展

有妈妈问我："我家宝宝走路时常跌倒，从来不肯好好走，就爱横冲直撞，做起事来也是粗心大意，让他去参加宝宝的"钢琴班""珠心算班"会不会定性好一点儿呢？"

练习"有难度的走路"很重要

若家有一个3岁宝宝，身体健康，没有扁平足，骨骼发育也正常，可是平时走路经常会撞到东西或失去平衡而跌倒，想必家人会常说："走路要小心，不能跑！"爸爸妈妈限制宝宝不可以跑步，是为了防止发生意外。

以大脑感觉学习的观点来看，预防危险的做法和传统育儿观念不同，因为幼儿普遍好奇心强烈，他们不可能随时保持慢慢走的状态。若想彻底改善宝宝易摔倒的状态，就必须增强宝宝的运动协调能力，加强身体两侧协调性和肌肉张力，也要提升视觉对空间和距离侦测的准确度。

所以，我反而要建议爸爸妈妈鼓励精力旺盛的健康宝宝，每天都花更多时间用来练习走路，最好还能想办法让宝宝手提重物走路、在斜坡上走路、在平衡木上练习走路，每个月稍微调整一点点难度，慢慢练习，直到可以绕行障碍物快走或跑步都不会跌倒。

3～4岁宝宝要多多活动

自3岁起宝宝的活动量需求更大，除了跑跑跳跳之外，也喜欢追逐和夸张的翻滚。健康的宝宝需要更大的活动空间，如果家里空间不够，户外的活动就更重要。都市地狭人稠，宝宝还不懂得控制力道，因而每次活动起来，常会吵到邻居惹来抗议，大人往往为了安抚宝宝，就会找最快速的方法来让宝宝安静下来。过去最普遍是看电视，如今APP软件、电子产品成为最有吸引力的超级发明，可是方便的工具还是留给大人使用比较适当。儿童必须先学会自己动脑和动手，千万不要太快养成依赖的习惯。

早在20世纪80年代，欧美儿科医生和教育专家便开始提出警告，希望家长能正视儿童长时间看电视可能对视力或其他方面的发展所造成的不良影响；可惜至今我们仍然能看到很多的家庭，会以电视或电脑游戏来吸引孩子。

小朋友看电视时很容易一动也不动，近10年来统计发现幼儿视力不良的比例越来越高，家长们终于开始懂得必须控制幼儿看电视的时间。

于是家长又开始想其他的办法让宝宝静下来，不再经常动来动去，比如，有人想通过“学心算”“弹钢琴”等看起来静态的课程，来提升宝宝的专注力。

这些才艺课程对宝宝有其正面的功能，但我们若从3～4岁宝宝的身心发展角度来看，这一时期直到幼儿园时期宝宝都是更喜欢活泼动态的体验式学习。

温馨提示

每一种类型的活动或游戏都是不同的感觉经验积累，所以任何形式的活动都有其正面的意义。然而，宝宝的学习方式和大人不一样，在安排才艺课程之前，最好先懂得宝宝的发展和需求。

03 3～4岁宝宝的情绪发展

宝宝在家和出门后判若两人，出门都不愿和别人玩，回家却又要抱怨：“我还没有玩够，不要回家，不要……”

爸爸妈妈对宝宝出现判若两人的表现感到生气，忍不住问：“这孩子是故意捣蛋的吗？”

“小时候任谁抱都行，为什么长大反而变得不大方了。”

“在家都能做好的事情，到了需要表现的场合却放不开，看起来不是害羞内向的孩子，为什么会这样呢？真想不明白！”

诸如此类的问题困扰太多家长，而我也曾为此遍寻答案，与孩子的互动经验中发现：大人真的不用催促，内心也急不得。当孩子真心想做的事，不必三催四请就能自动自发，想叫他们停下来也不容易；但是如果其他的孩子都行动了，某个小孩却一直处在观望的状态，或许就是没听懂，此时必须有人亲自示范和解说才能理解。

遇上孩子没有在第一时间做出反应时，我们不必当下责怪他固执或态度不佳，最好能心平气和地先观察他什么地方还需要更多协助。只有孩子无法具体说出他的感觉和想法时，才会僵在原地不知如何是好，等到他想参与而提出要求，也就错过了最佳时机。这时孩子懊恼的情绪可能会失控从而大哭，更让爸妈摸不着头绪。

爸爸妈妈不能只用口头上的鼓励或讲道理来教导孩子。通常来说，使用恐吓或威胁可能只会对个性温和的孩子有效，万一孩子的个性天生就强硬坚持，当自我意识发展后他就会开始挑战爸妈一再强调“不可以”的事。

如何跟讲不清楚的宝宝沟通

3~4岁的宝宝要开始学习察觉自己的情绪，也要学习如何表达情绪。这时候的宝宝已经能体会快乐、生气、悲伤、害怕等基本情绪，但儿童心理学家研究发现，在3~4岁时宝宝情绪稳定的比例只有一半，这意味着3~4岁的宝宝虽然呈现出既聪明又会说话的样子，但他们终究还无法像成人一样理性思考。因为宝宝的大脑发育和语言发展还不够成熟，大脑的兴奋很容易扩散，大脑中枢神经系统的控制能力还不够完善，所以宝宝的情绪就显得冲动易变、起伏不定。

如果爸爸妈妈不懂宝宝为何突然哭闹发脾气，当下是无法用讲道理来沟通的，最好的办法是先转移宝宝的注意力，让他们受刺激而呈现兴奋状态的情绪先慢慢平稳下来。我们可以适时给宝宝适当发泄情绪的机会，不要总是要求宝宝一直当乖宝宝而压抑情绪。亲密的家人经常给宝宝一个大大的拥抱，能够让宝宝感觉到被关心，对亲子双方的情绪稳定都有益处。

3～4岁的宝宝在平日生活中模仿人际互动礼仪和社会规范。宝宝在这个阶段会通过视觉观察和听觉记忆来学习，他们会在不知不觉中模仿大人说话的口气和肢体动作，所以说宝宝是从大人那里学到了情绪表达方式。相较之下宝宝很可能对妈妈所说的内容记忆不完整，但学到最多的是家人举手投足的模样。

温馨提示

在宝宝哭闹时，大声责骂、呵斥和恐吓通常只会引来反效果。若我们希望宝宝有良好的情绪调节能力，当宝宝无端哭闹时，爸爸妈妈要先学会“冷处理”，暂时转移注意力，不要让自己跟着不自觉地焦躁起来。

发现宝宝说谎怎么办

妈妈最担心宝宝在幼儿园没有得到好的照顾，可是关心的问题常常只是一些认知上的小误会。当宝宝回来说他今天在幼儿园里没有吃饭，你也不用太紧张，更不用联想到老师是不是对孩子不好。妈妈可以耐心地跟孩子聊一聊，去了解究竟是怎么一回事。

妈妈问小宝：“小宝今天去上学很好玩吧？中午老师有没有喂你吃饭呀？”

“没有！”小宝边玩车子边回答。

妈妈又问：“那老师有没有喂其他小朋友吃饭呢？”

小宝说：“没有，老师不喂小朋友吃饭的。”小宝回答时头也没抬起来，玩得相当投入。

“为什么老师不喂小朋友吃东西？”妈妈又问。

宝宝终于放下手上的玩具，肯定地说：“老师说小朋友都要自己吃，我们是大孩子了。”

“太好了，小朋友一定要自己吃东西，这样才是能干的大孩子。”

“那今天中午吃了什么呢？如果没有吃饭，老师给你们吃什么呢？”

“吃面呀！幼儿园的炒面太好吃了，妈妈，我今天吃了两碗。老师说我最棒，还给我一个好宝宝印章哦！”

妈妈安心了，原来小宝说今天没吃饭并不是撒谎，也不是老师虐待孩子。学校的炒面让小宝感觉很新奇，他竟然能够吃下两碗。或许有其他小朋友跟着学，也会比在家里吃得更多呢。

对大人来说，与事实不符，就是说谎、不诚实，爸爸妈妈都希望从小教育孩子具备良好的品格，当然无法接受孩子会说谎。可是在孩子成长的过程中，有段时期他们对时间、对象和因果关系等逻辑方面的判断还不清楚，因此在回答大人问题时，无法依照事实来说明解释。如果听到宝宝抱怨什么，请爸爸妈妈都暂时先别生气，我想他们不是故意说谎骗人，先仔细听他讲清事件的过程，同时也要注意宝宝的抱怨是不是希望获得更多注意。

举例来说，3岁前后的宝宝会进入假扮游戏的阶段，在游戏时会一再重复妈妈曾经跟他讲过的话，也会通过最喜欢的玩偶来玩对话游戏。

我们静静观察便能发现，宝宝对话的内容是游戏成分较多，宝宝也可能只是把在电视上听过的对话从记忆中提取出来重复练习，但并不见得真能理解对话内容。

所以宝宝陈述的内容如果和现实情况不一样，或者听到宝宝有抱怨情绪时，我们要慢慢引导宝宝发现事情的真相，正面地看待每一件事情。

遇上宝宝抱怨老师或妈妈不爱他，不能直接买个礼物来安抚他，也不能一味地满足宝宝提出的需求，否则亲子之间的互动会变成单向付出，接收的一方则欲望无限高涨，宝宝也会对爱产生误解，等到别人不满足他的要求，就说别人不爱他。

温馨提示

当我们发现宝宝开始出现抱怨时，请先冷静观察宝宝是不是为了引起更多的关注。我们先不做评判或一味附和，以避免产生不必要的误解。

教宝宝学会分享，同理、帮助别人

3～4岁的宝宝已经具备一定程度的理解力，他们可以感受到别人的情绪，也开始发展同理心。

当宝宝看到别人手上缠着纱布绷带，会主动关心："妈妈，他受伤了吗？为什么会受伤？受伤的人会不会死掉……"爸爸妈妈对这种热心过度的问题，可能会觉得尴尬又很难回答。这就是3～4岁宝宝直接的情绪表现。

语言能力发展较好的宝宝，听大人讲故事或找人聊天的意愿也会比较高。但也有宝宝自己玩的时间比较长，很少会主动找大人说话。若宝宝与人互动的积极性不高，爸爸妈妈就要制造更多机会让宝宝习惯与家人以外的人相处。

我们要慢慢引导宝宝先知道自己的需求，再进一步知道关心家人、朋友，学习如何与人分享和主动帮助别人。

04 3～4岁宝宝的语言发展

爱角色扮演的年纪

“妈妈，小豆的手好痛，坏掉不能动了，明天要去看医生才行！”3岁的儿子小豆眉头紧皱，对我说手痛不能上学，而且说是很严重，是坏掉已经不能动了，一定要去医院检查才可以。

“两只手看起来都一样呀，你记得在哪里受伤的吗？”

“不知道，轻一点儿，好痛呀！”

我举起小豆的左手，左看右看想检查，对小豆说：“真奇怪，玩具被小朋友乱扔才会坏掉，为什么小豆的手也会坏掉呢？”

我想：这两天孩子精神好、能吃也能睡，就是突然不使用左手拿东西，左手的外观看起来并没有任何异常或外伤。可是已经接连两天都跟我说：“手痛、手坏掉了要休息才行……”

"今天在学校可以拿玩具玩吗？"

小豆说："不行，拿东西就会更痛。"我试着将玩具交给小豆，他只用右手接住就放在一旁。

"看起来真的很痛，那现在还能吃布丁吗？"

小豆说："布丁可以，我没有肚子痛，可以吃布丁。"

小豆坐在椅上，右手拿着小汤匙一口一口慢慢品尝布丁，左手依然无力地垂着。连见到最喜欢的甜点也只用一只手拿，左手会不会真有问题呢？难道是脱臼或骨头跌伤吗？我决定请假一天，带小豆到医院检查，小朋友讲不清楚到底哪里痛，实在叫人放心不下。

神奇的康复过程

骨科医师安排了X光检查，在医院进行一连串的检查后，小豆站在妈妈身边排队等着缴费，这时小豆说："妈妈，等一下看完医生，你要送我去学校玩吗？"

"先回家休息，现在已经快中午了，小豆回家吃饭然后睡午觉，妈妈今天陪你在家。"

"我的手不痛了，等一下去学校和小朋友一起玩。"小豆说。

半小时前才进X光室拍了X光片，依照这医院的流程必须先缴费，再去排队看检验报告……医生和妈妈连X光片都还没见着，也没做任何治疗，小豆的手就不治而愈，整个过程会不会太神奇了呢?

我突然恍然大悟：这两三天的手痛是小豆在玩当病人的游戏吧!

小豆角色扮演的游戏太逼真，全家人都被小小孩弄糊涂了。我忍不住暗笑自己已经研究儿童心理好多年，自家宝宝的想象游戏也没看出来，幸好自己是个够冷静的家长才没有被宝宝给吓着。小豆“手坏掉了”的风波发生在上小班的时候，是我的亲身经历。自此之后，我更喜欢静静地观察，研究身旁每一位宝宝的对话和游戏。

抽丝剥茧找原因

就在小豆照了X光手就不痛的隔天晚上，我从书架上找出一本印有X光图片的儿童英文图画书，翻开字母“X”的这一页，怀疑这张关键图片和小豆反映自己“手坏掉”有关系。

因为小豆开始学会讲话后，家中年长7岁的哥哥已经开始学英文，小豆模仿力很强，也会对中文和英文字词产生好奇。小豆最近常拿哥哥这本字母书找我一起看。

“这是什么？”小豆看图画书时很爱提问，妈妈或爸爸总有一人必须耐心回答他，同样的问题可以每天晚上全部再问一次。书上的图片多半是生活上常见的物品，但这“X-ray”是唯一一张我们看不到实际物品的图片。

于是我将3岁多的小豆叫到身旁，问他说：“弟弟，这是什么？你知道吗？”

小豆说：“妈妈，这是‘X-ray’，你忘记了吗？”

我装傻：“我真的忘记了。”

“妈妈觉得这看起来是一张骨头的照片，小豆知道这是谁的吗？”我继续问。

小豆说：“医生可以用X光机来帮我们检查骨头有没有断掉，我去医院看过啊！妈妈我跟你说，护士阿姨叫我站在机器前面不可以动，她先把电灯关掉一下，然后就会自动拍照……‘X-ray’是很强的机器哟！”小豆讲得头头是道。

我很庆幸有个语言发展速度很快的宝宝，虽然给大人找了麻烦，但也同时表现出丰富的想象力和联想力。我开心地跟小豆的哥哥说：“太好了，你有玩伴了！妈妈发现弟弟跟你小时候一样聪明，如果学校功课做完，请你多花点儿时间和弟弟一起玩，妈妈觉得你会是弟弟最好的老师哟！”具有科学精神的大儿子，很快也和妈妈一起加入观察宝宝游戏的实验中了。

宝宝常常和别人吵架，该怎么办

每个宝宝的个性不同，大部分宝宝争辩不过别人就用哭来发泄情绪，相对能据理力争的宝宝是少数。能用语言来沟通的宝宝，也意味着他有不错的语言表达能力，有自己的想法，坚持度会比较高；但在大人眼中，若没有想到他的优点就会误解为这个宝宝喜欢和人吵架。对这样的宝宝，如果我们再教他懂得控制说话的音量和说话的语气，那么发生沟通误解的概率就可以减少许多。

我常常鼓励爸爸妈妈以正向角度来欣赏孩子的优点，因为孩子长大后遇事是采取主动争取还是被动躲避的态度，与个人天生气质和后天的环境经验都会有关系。我们不希望孩子说起话来咄咄逼人、没礼貌，但也不能让孩子面临压力时连话都说不清楚，遇到问题也不敢发问。

家有俩宝，如何处理他们的吵架问题

有两个孩子的家庭，孩子之间免不了会发生争吵的情况。我想很少有家庭可以例外吧。

当我发现两个儿子开始爱斗嘴，你一言我一语地吵个不停时，小儿子小豆的实际年龄其实也还未满4岁。兄弟俩为一点点小事情或一句话，就可以你来我往争论不休，这时我会旁听孩子们争吵的过程，静静观察他们如何调解，等事后再个别做沟通。

“哥哥不要常和弟弟吵架嘛，弟弟很多话还听不懂，如果说了还听不懂，你就先不要跟他吵，妈妈晚上想安静一点儿，别跟弟弟一直争辩好吗？”

上小学四年级的大儿子安慰我说：“妈，你放心，我不是和弟弟吵架，我是好心在训练弟弟的语言表达能力和反应能力啦！”静下来想想，大儿子说得也有道理。因为常和哥哥斗嘴，所以小豆说起话来能熟练运用反义词和形容词，在语言表达的流畅度来说，确实发展得很好。

我们家这位想法独特的大儿子，自小就有很好的逻辑思考能力，每次听到不合理的事情，就会跟妈妈打破砂锅问到底；他喜欢当安静的旁观者，从不随便和陌生人交谈，每天晚上睡前还能够耐着性子和年幼的弟弟一起玩，真是难得了。

宝宝在发生争吵时会找大人评理，但其实他们可以自己通过沟通而达成协议，一阵吵吵闹闹之后，很快又玩在一起。3岁多的宝宝已经由自言自语较多的幻想游戏，发展到能和其他人互动游戏，学习遵守游戏规则，而不再是以自我为中心，一个人开心就好。

所以我们要引导宝宝用说话来表示自己的想法，用适当的词语、口吻和音调来说话，别人比较能够接受，这些需要爸爸妈妈经常亲身示范。如此一来，具有良好语言能力的宝宝就拥有更强的语言能力，也能够设法说服别人愿意采纳自己的建议。这个目标是语言发展中较高难度的领域，也是长大成人后必须学习的方向。

在3岁之后，宝宝就要为进入幼儿园和小学做准备，家人无法随时在身旁呵护着他，更不能永远担任宝宝的发言人，宝宝本身要具备良好的理解和沟通能力，才能快乐自信地和其他小朋友玩在一起。

珍惜和宝宝一起游戏的时间吧，宝宝的童年只有一次。陪伴宝宝快乐游戏的经验，将会是爸爸妈妈最甜蜜的回忆。

育儿笔记

第八章

3～4岁宝宝的亲子游戏

3～4岁宝宝会有更多的创意和点子，

游戏过程中也会创造出新玩法。

爸爸妈妈和宝宝可以发挥自己的想象力，

参考书中示范游戏操作，再创造出专属家人的新游戏。

01 3～4岁宝宝的变化

此阶段的宝宝喜欢多彩多姿、富有变化的生活，单调的居家生活无法给予他充实感与满足感。此时，在家庭或幼儿园中的亲子早教游戏应提供丰富的玩具与游戏活动机会，以及有意义的对话与互动，让感觉统合顺利进展。

02 3～4岁宝宝的亲子游戏

3～4岁家庭亲子游戏活动规划

借主题的活动设计，由易到难慢慢增加游戏意境的丰富性，表现动作也会在同时增加难度，此时宝宝会努力想尝试超过他年龄、能力的活动。与此同时，挫折、愤怒情绪也会不断出现。此时，爸爸妈妈要及时介入，帮助宝宝调整速度与目标，克服挫折，体验成就感。

温馨提示

游戏中请不要用大人的眼光去压抑宝宝对游戏工具的狂热，而是要为宝宝布置适当的场所，当天气好的时候可以就近找一个合适的公园；天气不好时，可以在家布置走廊或客厅，进行多样化的主题活动。

3～4岁宝宝的动作发展水平和语言发展水平

在此阶段，宝宝的动作和语言能力在快速发展，但宝宝之间也有很大的差异性，爸爸妈妈不要将自己家的宝宝与别人家的宝宝反复比较，徒增焦虑和担忧。可以参考下表对宝宝做个简单的评估。

表7　3～4岁宝宝的动作发展水平和语言发展水平

动作发展	语言理解/口语表达
不用手扶，能单脚跳一下。	会问这是什么。
可以自己上下楼梯。	能正确表达“你的”“我的”。
会向后倒退走。	能说出两种常见物品的用途。
能交换腿跳跃。	至少能唱完一首完整儿歌。
不扶东西，能双脚离地跳跃。	会说自己的姓和名。
将滚动的球向前踢（视动整合）。	说出完整的句子，用说话来表达意思。

3～4岁亲子游戏的认知学习

在与此阶段的宝宝做亲子游戏时，我们将从“农场主人”“水的世界”“交通工具”和“生活百货”4个主题来展开，详见下表：

表8　3～4岁亲子游戏的认知学习

主题	词汇种类
农场主人。	陆上动物、植物、工具。
水的世界。	水中生物、自然现象。
交通工具。	交通工具、建筑物、地名。
生活百货。	食、衣、生活用品。

小农夫（1）

适合年龄： 3～4岁
游戏目的： 农场主人
感觉目标： 听知觉、上肢控制
语言理解： 会使用“个”等量词
发展动作： 不扶东西能双脚离地跳跃

【活动准备】

1. 父母和宝宝一起坐在地板上。
2. 由妈妈先放音乐（打拍子律动），请宝宝闭上眼睛。音乐以轻音乐为佳。

【情境引导】

刚才宝宝听到什么音乐呢？……是像兔子在跳？……还是像小鸟在飞？

【活动重点】

1. 让宝宝手持敲击棒敲打地板、沙发或瓶子，以刚听到的节拍做不同的敲击节奏。

2. 跟随音乐，爸爸妈妈引导孩子了解各段音乐分别像什么动物，像兔子跳，那就让孩子以兔子跳的方式跳跃，像小鸟飞，马上请孩子展开双手愉快飞翔等。

【游戏观察】

1. 宝宝的肢体律动表现如何？

A. 表现大方。

B. 愿意做，但动作幅度很小。

C. 不敢做动作。

2. 观察宝宝向上跳时双脚可离开地板跳起来吗？

A. 可以做到。

B. 愿意试，但无法成功。

C. 完全做不到。

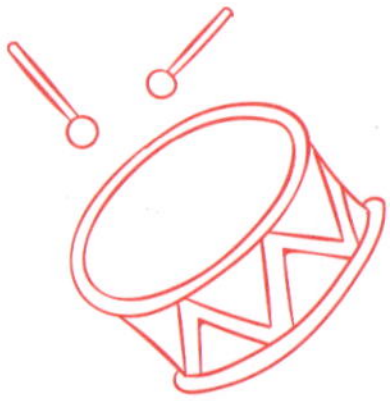

小农夫（2）

适合年龄：3～4岁
游戏目的：农场主人
感觉目标：听知觉、上肢控制
语言理解：会使用“个”等量词
发展动作：练习立定跳远，能向前跳45厘米

【活动准备】

1. 设定一条无障碍的走道，起点和终点相距2米。
2. 准备5～6片儿童游戏拼垫排列在地板上。
3. 准备一些动物图卡，图卡上有1～10的数字更佳。

【情境引导】

哇！农场里好多的小动物！小宝你看到谁了呢?小动物们调皮地都跑出来玩，我们现在一起送它们回家好吗？

【活动重点】

1. 请宝宝挑一张图卡，然后跟爸爸妈妈说要送什么动物回农场。例如，1头牛、2只鸭子……

2. 在起点让宝宝带着图卡，以双脚跳过游戏拼垫的方式“过河”，将图卡送至终点。

【游戏观察】

1. 对量词概念的使用熟练程度怎么样？

   A. 很好。

   B. 会说，但不熟悉。

   C. 还无概念。

2. 站在定点做跨越动作的稳定性如何？

   A. 流畅。

   B. 想做，但不协调。

   C. 无法完成。

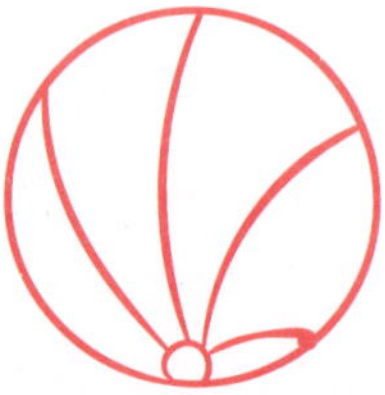

下大雨喽

适合年龄： 3～4岁
游戏目的： 水世界
感觉目标： 身体控制活动
语言理解： 用“……和……”“靠近……”“在……旁边”
发展动作： 能交换脚跳跃

【活动准备】

1. 设定一条无障碍的走道，起点和终点相距2米。

2. 在起点放置几张彩色纸。

3. 在起点和终点中间用5～6块儿童游戏拼垫当成斑马线。

4. 终点由尼龙绳固定两端当成衣架，并夹上晾衣夹子。

5. 终点衣架上先夹上2张不同色的彩色纸。

【情境引导】

下雨喽！我们要赶快回家收衣服，不然衣服会被淋湿啦！

【活动重点】

1. 爸爸妈妈引导孩子在起点拿起一张彩色纸，单脚轮流跳跃过游戏拼垫到终点。
2. 在终点按照妈妈的指令做活动。例如，“请帮我把衣服夹在红色旁边。”“请帮我把衣服夹在绿色和红色中间。”
3. 完成后重新再做一次。

【游戏观察】

1. 能否较好地理解空间的位置？

   A. 会使用。

   B. 部分会，但可被引导。

   C. 完全不会。

2. 能交换脚跳跃吗？

   A. 顺畅。

   B. 想做，但不协调。

   C. 完全需要引导。

坐云霄飞车

适合年龄： 3～4岁
游戏目的： 交通工具
感觉目标： 线性前庭活动[1]
语言理解： 正确使用“为什么”
发展动作： 双脚跳，在5秒内能跳7～8次

【活动准备】

1. 设定一条无障碍的走道，起点和终点相距2米。
2. 在起点放置一块宝宝熟悉的拼图。
3. 在起点和终点的中间贴上彩色胶带（直线），作为控制线。
4. 将拼图片散放在终点的地上。

【情境引导】

来吧！宝宝要以最快的速度把不同的拼图找回来哦！

[1]前庭觉是掌管身体对速度、位置的改变时应有的反应能力，又细分为线性前庭和圆周前庭。线性前庭指对高度和速度变化时的感觉；圆周前庭则是有角度变化的动作。两者在前庭系统分别由不同的位置所控制，所以怕转动的不一定就怕高。

【活动重点】

1. “宝宝，你准备好了吗？你想先开什么交通工具呢？”

若宝宝说：“飞机”。就让孩子张开双臂，化身为飞机，以最快的速度在“飞机跑道上”（彩色胶带贴成的直线）快走，如果离开了控制线那就失败了哦！

2. 到终点捡起一块拼图，必须再快速地飞回起点，把拼图放对位置。

依序进行：脚踏车（双脚轮流抬放）、摩托车（身体半蹲快速行走）。

如果孩子能以快跑完成活动，可变化动作的难度，改用双脚跳跃的动作出发，拿到拼图再快走回到起点。

【游戏观察】

1. 在5秒内双脚能跳7～8次吗？

A. 可以做到。

B. 愿意试，但无法成功。

C. 完全做不到。

2. 对交通工具的常识是否丰富？

A. 常识丰富。

B. 提示后可完成。

C. 还没有概念。

停车场

适合年龄：3～4岁
游戏目的：交通工具
感觉目标：空间速度
语言理解：至少能完整唱出一首儿歌
发展动作：会向后倒退走

【活动准备】

1. 设定一条无障碍的走道，起点和终点相距2米。

2. 在起点准备各式交通工具玩具或图卡。

3. 在终点处用彩色胶带贴一条直线当车库。

【情境引导】

今天“停车场”内的车子乱停，这下子要大塞车啦，等会儿爸爸回来想开车就出不来啦！

小宝，我们一起来玩倒车入库，帮忙把“停车场”的车子重新停好吧！

小宝在倒车时要特别小心，你要仔细听妈妈的指挥哟，不然车子会撞坏了。

请注意听音乐，等一下听到音乐节奏变快就要走快一点儿，如果音乐节奏变慢了就要慢慢走。

【活动重点】

1. 请宝宝在起点拿取一种交通工具，并要求宝宝说出交通工具的名称。
2. 请宝宝背对终点，当妈妈开始唱歌时，宝宝就以后退的方式倒着走。
3. 唱得快，就快走；放慢唱歌的速度，宝宝就走慢一些。
4. 妈妈以快、中、慢的不同节奏，引导孩子将“车子”一台台停入“车库”内，重复游戏。

【游戏观察】

1. 宝宝会向后倒退走吗？

   A. 会。

   B. 只能倒退走两步。

   C. 愿意学，但还不能做好。

2. 能不能分辨节奏的快慢？

   A. 节奏感好。

   B. 听觉和动作无法配合。

   C. 还不能做好。

神射手

适合年龄： 3～4岁
游戏目的： 交通工具
感觉目标： 双侧协调
语言理解： 会使用量词，如，一个
发展动作： 动作协调

【活动准备】

1. 设定一条无障碍的走道，起点和终点相距2米。
2. 在起点准备一个枕头袋或大型塑料袋。
3. 在终点处放置飞机、汽车、自行车、轮船等贴纸。
4. 在终点准备几张白纸，请爸爸妈妈和宝宝一起手绘：飞机跑道、车库、自行车格、港口等，作为起点“交通工具停靠站”配对用。

【情境引导】

快乐城住了许多袋鼠，每天早上袋鼠们都要搭乘不同的交通工具去上班或上学，这些交通工具也要分别停放在不同的位置。

“请问飞机要停放在哪里呢？”由爸爸妈妈耐心说明，让宝宝在游戏中学会把交通工具和机场、停车场及港口等位置做正确的配对。

【活动重点】

1. 在起点选取一台交通工具贴纸贴在手臂上，身体进入袋子内，双手拉住袋子，从起点以跳跃的方式到达终点。
2. 到达终点时，把手臂上的贴纸撕下来，贴在该交通工具应该停靠的“停靠站”上。
3. 游戏结束前，请宝宝数一数各种“停靠站”共停了多少台交通工具（每种最多在10以内）。

【游戏观察】

1. 能用双手拉住袋子以跳跃的方式向前移动吗？

   A. 可以。

   B. 能跳，但协调性不佳。

   C. 还不能做好。

2. 能不能用手指头一个一个点着数出正确数量？

   A. 可以。

   B. 不一定。

   C. 无法点数。

在与宝宝玩亲子游戏时，遇到什么问题吗？扫码进入线上提问页面，薛文英老师将为您答疑解惑

第九章

0～3岁宝宝发展对照表

下文是特别为0～3岁宝宝设计的活动观察表，

便于爸爸妈妈每隔一段时间去做一次测评，看宝宝是否进步了。

为了让妈妈们能具体地看出不同阶段的宝宝可能会有什么表现，本书特别为0～3岁宝宝整理出一份可以定期对照的活动观察表，方便每隔一段时间去做一次测评，看看宝宝是否有进步了。

在宝宝出生的第一年，大脑与感觉神经系统的发展速度很快，所以每3个月我们就来测评一次。在不同月龄，宝宝在运动、情绪、语言、认知等能力方面会有不同的发展。

这些看似平常的举动，若宝宝在此期间能做到一半以上就很不错，表示宝宝的基本能力正在一点一点进步当中。如果宝宝还不能做到或不确定宝宝能不能做到，那么可能是由于宝宝还没有机会练习，大人需要调整一下生活中的互动方式，让宝宝可以跟上发展的步调。

若发现宝宝所属月龄的20道题目大部分还无法做到，请前往上一个阶段自我对照表重新核查对照。需要说明的是，这份家庭活动的自我对照表，主要是希望可以帮助照顾者了解不同年龄宝宝在家能玩些什么，宝宝现在是否可以做到，这个测评结果和宝宝将来聪明与否并无直接的关系。父母应先加强这个阶段的亲子活动，积累足够的能力再渐渐调整游戏的难度。若上一阶段20道题目中，宝宝达成的比例又低于30%，就必须对宝宝生活环境、照顾方式，以及宝宝生理发展的状况做更客观地评估和仔细观察，检查是否有被忽略的细节需要调整改变。当爸爸妈妈把外在的条件都调整了，接下来如果仍然没有改善，就建议做更进一步的儿童发展评估或请安排专业咨询。

0～3岁宝宝日常活动自我测评

1～3个月

在宝宝出生的第一年，每隔3个月，我们应该对宝宝的能力发展做一次测评。下表是对1～3个月宝宝的日常活动进行测评。

表9　1～3个月宝宝日常活动自我测评

序号	宝宝的家庭活动表现	是	不确定	否
1	白天清醒时，宝宝会主动伸展双手和双脚运动身体。			
2	宝宝的5个手指头常握成拳头状，能用力握紧大人的手指头。			
3	宝宝的视线可以跟随眼前的目标移动。			
4	当宝宝排便或排尿后，会以哭声来引起照顾者注意。			
5	宝宝在清醒时若被改以俯卧姿势放在床上，会自己设法抬起头和下巴。			
6	能分辨牛奶和白开水的味道，味道不同会出现吐舌头或眉头紧缩的反应。			
7	将宝宝抱近，当他看到大人逗弄的表情时，脸上也会出现模仿表情。			

续表

序号	宝宝的家庭活动表现	是	不确定	否
8	宝宝听到声音时，会转头寻找声音的来源。			
9	当宝宝哭闹时，经由按摩或拥抱后，情绪可以被安抚下来。			
10	宝宝睡觉时可以安稳入眠，不会因为电视或音乐声很大而惊醒哭闹。			
11	宝宝可以接受大人以横躺或直立的姿势抱着，都不会哭闹。			
12	喝奶及睡觉的时间具有规律性，间隔时间固定。			
13	将宝宝抱起来呈直立姿势时，宝宝会有踢腿的动作出现。			
14	听到大人逗弄的声音，宝宝会微笑，有时还能发出笑声。			
15	宝宝平躺时，能自己翻身变成侧卧的姿势。			
16	听到照顾者熟悉的说话声时，宝宝的情绪能稍微平静下来。			
17	被直立抱起时头部直挺，可以转动身体观察旁边的人或景物。			
18	能持续4~5小时睡眠，中间不喂食也不哭闹。			
19	宝宝会不断尝试吸吮自己的手指头。			
20	在清醒时，宝宝会伸手想触摸玩具或大人拿在宝宝眼前晃动的东西。			

扫码进入在线测评，快速、便捷地了解宝宝在各个阶段的能力发展水平

4～6个月

在宝宝4～6个月时做一次测评，以了解宝宝在运动、情绪、语言、认知等能力方面的发展，可以与1～3个月时的测评表进行对比。

表10　4～6个月宝宝日常活动自我测评

序号	宝宝的家庭活动表现	是	不确定	否
1	宝宝在清醒时如果改以趴卧姿势被放在床上，会自己设法抬起头和下巴。			
2	宝宝会不断尝试吸到自己的手指头，或抓住东西就放进嘴里。			
3	宝宝的视线会被移动的影像吸引，常看得目不转睛，连身体都跟着转动。			
4	当宝宝排便或排尿后，会以哭声来引起照顾者注意。			
5	将宝宝以坐的姿势放在有椅背的座位时，上半身能够维持较长的稳定性。			
6	品尝到新辅食味道时，脸上会出现不同的表情。6个月增加辅食。			
7	听到别人叫自己时，会开心地微笑；会用动作和声音吸引别人注意。			
8	宝宝听到有人叫他名字时，会转头去看说话的人。			
9	当宝宝哭闹时，经由按摩或拥抱后，情绪可以很快被安抚下来。			
10	宝宝清醒或睡觉时，都不会因为家中的电视或音响声音稍微改变而哭闹。			

续表

序号	宝宝的家庭活动表现	是	不确定	否
11	会盯着爸妈的脸看，并且模仿他们的表情。			
12	可以用手把玩物品，还会试着放进口里咬一咬。			
13	将宝宝抱起来呈直立姿势时，宝宝会有踢腿的动作。			
14	听到大人逗弄的声音会微笑，有时还能发出大笑声。			
15	可以由躺卧翻身转成俯趴的姿势，设法伸手想拿取玩具。			
16	会自己发出咿咿呀呀的声音，好像在练习讲话一样。			
17	平时在洗脸或洗头发时，不会强烈反抗或哭闹。			
18	半夜睡觉时间延长，能持续5～6小时熟睡，中间不喂食也不会哭闹。			
19	可以在背后没有依靠的床或地板上自己坐稳，也会用双手支撑来保持平衡。			
20	宝宝喜欢被抱到户外散步，对周遭环境会好奇地四处观望。			

扫码进入在线测评，快速、便捷地了解宝宝在各个阶段的能力发展水平

7～9个月

在宝宝7～9个月时做一次测评，以了解宝宝在运动、情绪、语言、认知等能力方面的发展，可以与此前的测评表进行对比。

表11　7～9个月宝宝日常活动自我测评

序号	宝宝的家庭活动表现	是	不确定	否
1	宝宝会对别人讲话的声音感兴趣，会自动发出牙牙学语的声音。			
2	会配合例行性动作，例如，换尿布时不会乱动，看到准备食物会安静等待。			
3	能够自己坐稳在地板上玩（观察前请于左右及背后放置软垫保护）。			
4	趴在地板上双手可以撑地并抬起头。			
5	主动与别人微笑互动，并且模仿对方的表情。			
6	能伸手接住递给他的玩具或奶瓶，抓握的力量稳定。			
7	以汤匙喂食半固体状食物时，宝宝能够顺利地吞咽进食（例如，粥或蔬果泥）。			
8	伸出手时，能准确地碰触物品及抓住悬挂物品。			
9	能够将两手所拿的玩具互相敲击而发出声音。			
10	会模仿大人用点头动作表示“谢谢”。			
11	可以接受用婴儿牙刷按摩或轻刷牙龈。			

续表

序号	宝宝的家庭活动表现	是	不确定	否
12	能做出翻书的动作(厚纸做的图画书或布书)。			
13	愿意接受不熟悉的人抱，也不会紧张害怕或躲开。			
14	能够以爬行移动，爬行中途坐起身或继续向前都可以活动自如。			
15	宝宝会用摇头或挥动小手表示“不要”。			
16	会伸手触摸镜中自己的影像，照镜子时会有愉快的表情。			
17	自己能够拿奶瓶喝水或喝奶，移动奶瓶的动作熟练顺畅。			
18	爬行活动时，可以肚子离地，以双膝着地的姿势爬行。			
19	清醒时会主动想找东西玩，重复大人曾和他玩过的动作或游戏。			
20	会有扔东西的动作，帮他捡起来之后，他会一再重复扔的动作。			

扫码进入在线测评，快速、便捷地了解宝宝在各个阶段的能力发展水平

10～12个月

在宝宝10～12个月时做一次测评，以了解宝宝在运动、情绪、语言、认知等能力方面的发展，可以与此前的测评表进行对比。

表12　10～12个月宝宝日常活动自我测评

序号	宝宝的家庭活动表现	是	不确定	否
1	会使用有吸管的婴儿学吸杯喝水。			
2	能用手抓取固体食物，如饼干或葡萄干。			
3	可以自己转身趴在沙发或床上用脚先滑下来。			
4	起床和睡觉时间固定，晚上睡前或早晨起床后不会吵闹不休。			
5	会自己用手拿饼干吃，想要自己拿汤匙进食。			
6	可以接受用婴儿牙刷按摩或轻刷牙龈。			
7	拉起宝宝的双手引导他走路时，他会跨步向前走。			
8	洗脸、洗头发或剪指甲时配合度良好，不会强烈反抗或哭闹。			
9	会伸手触摸镜中自己的影像，照镜子时会有愉快的表情。			
10	当宝宝坐在地板上玩够了，会想拉着大人或抓住支撑物而站起来。			

续表

序号	宝宝的家庭活动表现	是	不确定	否
11	听到大人说“谢谢”会点头，听到“握手”会伸出小手与对方握手。			
12	游戏时能用手握住罐子上下摇晃，设法将东西倒出来。			
13	能用表情和别人沟通，情绪好的时候会拍手表示开心。			
14	会安静地注视图片中的图案，看到熟悉的图案会表现出专注神情。			
15	会发出“妈妈”或“爸爸”的声音，模仿大人发音说话。			
16	会以爬行或侧走的方式移动身体。			
17	会模仿大人的动作，做出看书或拿汤匙搅拌的动作。			
18	能听从指令将物品拿给指定的人(例如，奶瓶拿给妈妈，拿小球给爸爸)。			
19	获得赞美时，会重复做动作来吸引别人注意。			
20	会模仿简单的声音，跟随大人所说的话发出单字音。			

扫码进入在线测评，快速、便捷地了解宝宝在各个阶段的能力发展水平

1～1岁半

在此阶段对宝宝做一次测评，以了解宝宝在运动、情绪、语言、认知等能力方面的发展，可以与此前的测评表进行对比，看看宝宝是否有进步了。

表13　1～1岁半宝宝日常活动自我测评

序号	宝宝的家庭活动表现	是	不确定	否
1	能找到藏在掩盖物下的物品或玩具。			
2	认识大人教过的图案，用手指出正确的图案。			
3	会爬行越过障碍物。			
4	在爸妈的陪伴下能够和陌生人打招呼（微笑、挥手或问好）。			
5	被问到“手在哪里？脚在哪里？”时，宝宝会伸出手脚或看着手脚。			
6	可以自己脱掉鞋袜或衣裤。			
7	宝宝可以独自爬上沙发椅，再转身滑下来，移动身体的动作很灵巧。			
8	可以放手走路而不跌倒。			
9	看到新奇的玩具会用手拿来把玩，已经不会再直接放进嘴里咬。			
10	会模仿动物的叫声，例如，小狗“汪汪”小猫“喵”。			

续表

序号	宝宝的家庭活动表现	是	不确定	否
11	行走间可以弯腰去捡拾地上的玩具，然后自己站起来继续活动。			
12	能配合大人的语言指令拿东西给别人。			
13	当玩具车放地上，会推玩具车前进，能依照指令去拿“车子”。			
14	会使用吸管喝水，能够吃固体食物。			
15	宝宝能够记住物品放置的固定位置，知道去什么地方拿东西。			
16	可以自己吃饭而不需要大人喂食。			
17	走路平稳，两手可以同时拿取不同物品还能活动自如。			
18	知道垃圾要扔到垃圾桶，喜欢当家人的小帮手并乐此不疲。			
19	能自己从玩具箱或置物架上面取出指定的玩具。			
20	由大人牵着一只单手走路时，能够顺利跨过台阶或小型的障碍物。			

扫码进入在线测评，快速、便捷地了解宝宝在各个阶段的能力发展水平

1岁半～2岁

在此阶段对宝宝做一次测评，以了解宝宝在运动、情绪、语言、认知等能力方面的发展，可以与此前的测评表进行对比，看看宝宝是否有进步了。

表14　1岁半～2岁宝宝日常活动自我测评

序号	宝宝的家庭活动表现	是	不确定	否
1	会组合两个字词表达意思，例如，我不要、出去玩、妈妈开……			
2	能独自走、停、转弯，行进过程动作稳定而不会轻易跌倒。			
3	会主动要求照顾者讲故事，而且喜欢重复听相同的故事。			
4	会用双手将组合式的玩具积木一个一个拆开来，也会设法做出组合动作。			
5	会用杯子喝水，可以用吸管喝水或吹出泡泡。			
6	会用简单的单字配合动作来表达意思。			
7	可以用手指出图片或照片中认识的东西，例如，车子、妈妈、球……			
8	能在斜坡上下来回快走或跑步而不会跌倒。			
9	宝宝在快跑时遇到障碍物会停下或绕行通过。			

续表

序号	宝宝的家庭活动表现	是	不确定	否
10	能用单手高举小球，做出向前扔的动作。			
11	会组2个以上的字或形容词，说出简单的句子。			
12	会跟着大人一起数数（1，2，3……）			
13	喜欢打电话或拿起电话自言自语。			
14	能自己独立穿脱鞋袜，无须大人协助也能做好。			
15	能模仿大人学说话，见到新奇的东西会问："这是什么？"			
16	可以自己扶着栏杆上下楼梯行走。			
17	会玩简单的2片式拼图，能记住图案的名称。			
18	每天早晨起床后有刷牙习惯，会自己拿儿童牙刷来刷牙。			
19	吃饭前会主动到自己固定的座位等待，能自己吃而不要大人喂食。			
20	宝宝能够正确指认或说出50～100个字词。			

扫码进入在线测评，快速、便捷地了解宝宝在各个阶段的能力发展水平

2～2岁半

在此阶段对宝宝做一次测评，以了解宝宝在运动、情绪、语言、认知等能力方面的发展，可以与此前的测评表进行对比，看看宝宝是否有进步了。

表15　2～2岁半宝宝日常活动自我测评

序号	宝宝的家庭活动表现	是	不确定	否
1	宝宝可以一页页翻书，翻动时纸张不会撕破。			
2	游戏或运动时可以很快由平躺的姿势直接站起来。			
3	宝宝会自己念唱数字1～10，在游戏时也能在大人指导下配合动作数数。			
4	宝宝会主动要求大人参与自己的游戏。			
5	在快走或跑步时遇到障碍物可以控制身体而不会跌倒。			
6	看到熟悉的人会主动问好，或在妈妈的示范下跟着问好。			
7	可以说出书本或图画书上物品的名称。			
8	能正确分辨3种以上的颜色。			
9	喜欢模仿大人的动作或帮忙收拾玩具，会纠正别人的动作。			
10	会将积木或空纸盒子向上叠高，重复练习做堆高再推倒的动作。			

续表

序号	宝宝的家庭活动表现	是	不确定	否
11	宝宝有收拾玩具的习惯，知道游戏后要将东西收放在固定位置。			
12	可以分辨出东西是“大的”还是“小的”，开始有比较的概念。			
13	能回答简单的问题，例如，“这双鞋子是谁的？”宝宝能说：“妈妈的。”			
14	听到熟悉的音乐或故事会停下手上的活动，先专心倾听。			
15	游戏时能在快跑中暂停，也可以很快继续动作，运动和停止的转换非常流畅。			
16	可以用食指和拇指拿起硬币，再将硬币放进储蓄罐（游戏时必须有大人陪同）。			
17	能握笔在纸上画圆圈、点和线条，持续时间超过3分钟以上。			
18	能从20厘米高的台阶上跳到地面站稳。			
19	能与大人接唱学过的童谣或儿歌。			
20	会说简单的句子，有需求时能用说话沟通，不会一直哭闹不停。			

扫码进入在线测评，快速、便捷地了解宝宝在各个阶段的能力发展水平

2岁半～3岁

在此阶段对宝宝做一次测评，以了解宝宝在运动、情绪、语言、认知等能力方面的发展，可以与此前的测评表进行对比，看看宝宝是否有进步了。

表16　2岁半～3岁宝宝日常活动自我测评

序号	宝宝的家庭活动表现	是	不确定	否
1	宝宝能正确分辨白天和晚上，对时间先后能有简单的概念。			
2	能在斜坡上来回跑步，不会怕高。			
3	会玩想象游戏，模仿别人做事的动作或说话的样子。			
4	宝宝会坚持自己动手，并且具有一再尝试的耐心。			
5	能跟着音乐节奏拍手或用响板敲打出正确的拍子。			
6	会玩形状拼图，能够正确区分出三角形、圆形和正方形。			
7	能说出清楚的句子，可以正确回答大人简单的问题。			
8	对数量多少有分辨能力，会比较谁的比较多。			
9	可以自己上下楼梯，不需要用手扶着栏杆或大人牵手。			
10	可以用双手将面纸揉成小纸团。			

续表

序号	宝宝的家庭活动表现	是	不确定	否
11	宝宝能模仿大人的动作，练习倒退走路。			
12	生活有规律，能知道玩具或自己衣物收放的固定位置。			
13	听爸爸妈妈读绘本时，可很快指认出故事的主角或图中的细节。			
14	会主动找别人参与自己的游戏，喜欢和别人互动。			
15	能沿着地上的直线走路，行走时身体可以维持一定的平衡而不会摇晃。			
16	拿到东西时会说“谢谢”，能记得简单的规定，不小心犯错时会说“对不起”。			
17	吃东西不会特别挑食或偏食，愿意尝试没有吃过或见过的食物。			
18	喜欢做弹跳的动作或游戏，但是并不会在家中的床或沙发上跳跃。			
19	能说出早上发生的事情，讲话发音清楚，家人以外的人也能听懂宝宝说话。			
20	能记住并完成和地点相关的指令，例如，“去房间，把床上的黄色外套拿出来。”			

扫码进入在线测评，快速、便捷地了解宝宝在各个阶段的能力发展水平

3～3岁半

在此阶段对宝宝做一次测评，以了解宝宝在运动、情绪、语言、认知等能力方面的发展，可以与此前的测评表进行对比，看看宝宝是否有进步了。

表17　3～3岁半宝宝日常活动自我测评

序号	宝宝的家庭活动表现	是	不确定	否
1	能跟着音乐节奏拍手、敲打响板或铃鼓。			
2	可以暂时不需要主要照顾者陪伴，能与其他孩子一起玩。			
3	有好奇心，能记住听过或看过的物品名称或用途。			
4	能正确分辨大小、多少，会跟着数数（1，2，3……），但还无法说出正确的数量。			
5	宝宝可以换脚快步走上楼梯，不太需要用手扶着栏杆。			
6	能接受玩转圈的游戏，旋转后还可以保持身体平衡。			
7	能完整说出自己想要什么，当大人响应后可以配合短暂的等待。			
8	能够自己念唱儿歌或童谣，能在提示下背诵《三字经》或唐诗。			
9	观察敏锐，有简单的推测力，例如，看到有人换衣服，会说："带我去玩好吗？"			

续表

序号	宝宝的家庭活动表现	是	不确定	否
10	游戏时能够正确分辨上、下、里、外的空间方位。			
11	喜欢拆卸玩具，可以用食指和拇指把贴纸或胶带撕下来。			
12	能自己穿脱鞋袜和衣服，身体动作协调性良好，过程中不太需要大人动手协助。			
13	能够识别别人的情绪，能够理解别人是高兴、难过还是害怕……			
14	能吃固体食物，愿意品尝没吃过的食物。			
15	每天起床及睡觉等生活时间有规律，对喜欢的活动会特别期待。			
16	和爸妈到游乐场或新场所游玩时，愿意尝试玩新奇的游乐设备。			
17	宝宝能够用双手接住扔给他的球。			
18	喜欢跑、跳等活动，也会模仿其他小朋友的动作跟着一起做。			
19	懂得拿绘本要求大人讲故事，若听到和熟悉内容不一样的地方会提出问题或纠正。			
20	宝宝在玩或做事情时会有一点执着，如果无法弄好就反复尝试，不会轻易放弃。			

扫码进入在线测评，
快速、便捷地了解宝
宝在各个阶段的能力
发展水平

3岁半～4岁

在此阶段对宝宝做一次测评，以了解宝宝在运动、情绪、语言、认知等能力方面的发展，可以与此前的测评表进行对比，看看宝宝是否有进步了。

表18　3岁半～4岁宝宝日常活动自我测评

序号	宝宝的家庭活动表现	是	不确定	否
1	身体动作灵活度好，跑跳运动间遇到障碍物也可以停下来。			
2	愿意与家人分享食物或玩具。			
3	能够组合运用曾经听过的字词说话，但宝宝对所说的词句意思并不太理解。			
4	能够走在距离地面较高的平台上而不会害怕。			
5	当宝宝独自游戏而没有别人提示时，会自动将玩具做出分类或有序摆放。			
6	听觉敏锐度很好，能听到音乐前奏就跟着唱。			
7	宝宝能主动发现妈妈或家人的服装、头发等造型是否有改变。			
8	能够和同龄的小朋友一起玩，不会排斥或显得情绪紧张。			
9	具有好奇心，遇见新奇的物品会先问："这是什么？""我可以看吗？"			
10	懂得注意自己的外表和服装，希望获得别人的称赞和重视。			

续表

序号	宝宝的家庭活动表现	是	不确定	否
11	可以和大人进行一对一的问答，可以正确回答问题，而不是答非所问。			
12	能够跟着大人的示范，动手模仿折毛巾或自己的小衣服。			
13	喜欢和比自己年龄稍大的孩子一起玩。			
14	宝宝已具备简单的生活自理能力，会想要主动帮家人做事。			
15	会单脚连续向前跳。			
16	宝宝会有想要学习和模仿的对象，游戏时也会在外表或行为方面模仿特定对象。			
17	可以自己握笔涂鸦，也可以跟别人讲解自己画的是什么。			
18	吃饭时能懂得遵守餐桌礼仪，不会玩食物或到处乱跑。			
19	宝宝见到认识的亲友或邻居，能主动问好。			
20	可以将拿到的东西假装成特定的物品玩起来，游戏时表情愉快而专注。			

扫码进入在线测评，快速、便捷地了解宝宝在各个阶段的能力发展水平

育儿笔记

想学习更多吗？扫码收听薛文英老师精彩线上课程

扫码进入本书主题互
动页面，体验线上提
问、收听作者语音解
读、参与主题读书会
等多重功能